雅碧歐拉・艾布瑞姆斯 Abiola Abrams 著　朱浩一 譯

從內在創造豐盛

靈性煉金術大師阿布杜拉的祕密顯化課和假設法則

From Imagination to Reality

Secret Manifestation Lessons and the Law of Assumption from Abdullah, Master Alchemist

推薦序

豐盛開始流入我的世界

朱浩一

接到《從內在創造豐盛》一書的翻譯時，乍看之下，我的人生似乎處於某種穩定的狀態：我跟太太在一起十三年，孩子剛上小學，我的收入還不太穩定，但也不到沒辦法生活的地步。日子就，你知道的，很平淡，很平凡。

我原本以為，人生或許就這樣了。

開始翻譯《從內在創造豐盛》後不久，我翻譯到了一段話。

此刻的你，握有一把鑰匙，不僅能夠開啟自己的顯化潛能，還能創造出一種超乎你最狂野的夢想的生活。

於是我開始思考，自己「最狂野的夢想」是什麼？

首先，是創作上的成就。

我斷斷續續得過十多個文學獎項（其中有兩個是翻譯獎），也順利地進入了東華創作所。話雖如此，靠文學養家，似乎仍是癡人說夢。但是在某些與宇宙同頻的魔幻時刻，我難以言喻地感覺到，創作是源於靈魂深處的計畫，是我必須面對的召喚。

其次，我想讓收入更穩定。

最後，我希望生命裡的愛情能變得更加美好。

就這樣，隨著一日又一日的翻譯，我也遵循作者的引導，踏上專屬於我的顯化之路。

開始嘗試以後，很不可思議地，我的心情輕盈了許多，生命有了明確的目標，於是不同於過往的「以世界爲己任」（手機世代的資訊眞的非常大量），我的視界變得簡單、純粹了。我騎上了腳踏車，在綠色的校園裡自在地穿梭，腦裡或嘴裡一次又一次地響起：「我是。我是。我是。我是。」

豐盛開始流入我的世界。

第一個顯著的變化，是音樂忽然變得不可或缺。

回顧四十多年的人生，音樂在我的人生之中比重算不上大。當然年輕時，我也會跟朋友去KTV，唱些像〈Happy Birthday〉、〈倒轉地球〉之類的high歌。談戀愛時，會跟女友合唱〈廣島之戀〉、〈今生註定〉等等。年紀稍長，聽歌就容易感傷，例如李宗盛的〈山丘〉，或是美空雲雀的最後一首歌〈川流不息〉。即便如此，音樂對我來說，差不多就是餛飩湯裡的蔥花，點綴用。

但踏上顯化之路後，我開始使用Spotify，認識了Laufey、Sabrina Carpenter、Jung Kook、Teddy Swims、Doja Cat、Måneskin……還有太多太多歌手。如今，他們的作品是我每日的精神食糧，也影響了我後來創作小說時裡面的角色個性與設定。

第二個顯著的變化，是我看待事物的觀點。

我不覺得自己算是一個好相處的人，除了個性頑固之外，也缺乏耐性。看似正面的想法只是薄薄的一層包裝，內裡總藏著經歷了太多人情世故而產生的酸澀。

相信是一個過程，即便看不到立竿見影的結果，你的信念仍在塑造你的現實。

在開始進行顯化，並練習「相信」之後，情況有了變化。

我嘗試回頭去看以前早早棄坑或缺乏興致的動畫，例如《從零開始的異世界生活》跟《排球少年!!》，並赫然發現它們無可替代的璀璨光芒，從而不僅讓現在的我能夠更平靜地去觀賞並讚嘆一部作品的美好，也大大拓展了我的創作視野。在那之後，搭配上述對音樂燃起的熱情，我順利地完成了自己因諸多緣故而延宕多年的短篇小說集《艋舺奇幻調》，我人生的第一本創作。

最後，也是最重要的，是我跟妻子之間的關係。

轉化可能會遇到挑戰。過程並不總是一帆風順。有時候，你會感受到失落或困惑。

在本書翻譯即將完成之際，我跟妻子有了一些或大或小的摩擦。而這些摩擦就像骨牌，一塊又一塊地推倒了表面平靜無瀾的生活，讓我跟她都看見了感情關係更深層的面貌。在一次深度溝通之後，我忽然意識到了自己還有哪些可以努力的地方，而她也明白了我會陪她一起面對此刻人生的難題。我們握住了對方的手並約定好，彼此都要成爲更成熟的自己，讓我們的關係進入下一個階段。我跟她之間的關係，迎來了十三年中最緊密的一段時光。

這篇文章寫於凌晨三點。究其原因，是我自深遠的睡眠之海被喚醒。社區老舊的火災警報器被誤觸，LINE群裡一堆人一籌莫展。聽著住警器裡的女性一次次毫不間斷地警告「所有人員請注意，現在已經發生火警，請盡速往安全門方向疏散」，我想起作者的EIYPO（每一個人都源自你的內在）實驗（見227頁），於是閉上眼睛，把注意力都放在社區平時的寧靜無聲。不到一分鐘的時間，據說已經造成困擾超過兩小時的火災警報，霎那之間就止息了，稍早的紛紛擾擾，彷彿從未發生。

我的顯化之路，仍在繼續。

豐盛仍源源不絕地到來。

我相信宇宙。

我相信自己。

（本文作者爲本書譯者）

推薦序

開啓有意識的顯化旅程

莎拉・普勞特

顯化不僅是一種實踐，更是一趟靈魂之旅，也是一門將夢想編織成現實的藝術。本書作者雅碧歐拉・艾布瑞姆斯，在這一頁頁之間所創造的，不僅僅是一本書，更是一扇通往了解你那深刻靈性旅程的大門。

過去十五年來，身爲靈性煉金術與顯化的老師，我始終相信想法與意願所帶來的轉化力量。本書呼應了類似的觀點，深入探討了**假設法則**（Law of Assumption）以及煉金術大師阿布杜拉（Abdullah）的教誨和指導。我以前就聽聞過他的大名，但從未眞正探究過他的神祕智慧。

身爲這本書的讀者，我們會被帶到一個地方，在那裡，我們最深層的渴望不會只是一時的異想天開，而是自身命運的強大種子，等待我們去培育。本書大力地提醒我們，**眞正的顯化，始於有意且持續地去連結神聖意識**。

這些年來，在我的人生旅途中，我實際見證過意願轉化爲現實的奇蹟。我從生活在貧窮線以下的單親媽媽，到創立市值達到美金七位數的企業，激勵了世界各地數百萬的人，去與宇宙和更高層次的意識產生連結。我的生命發生了翻天覆地的變化，這些變化與我做了多少內在工作成正比。同樣重要的是，儘管取得了成功和靈性工具，一路上仍然有許多考驗和磨難。這些挑戰都是美麗的禮物和祝福，因爲它們帶來了許多教訓，讓我學會如何將痛苦或問題，轉化爲力量。

透過將想法轉化爲實質的結果，我看到了吸引力法則的運作，並與假設法則相輔相成，正如本書中的美麗文字所闡述的那般。雅碧歐拉分享的故事、練習和見解，證明了一旦能夠將想像與對自身和世界堅定不移的信念相結合，將會有無限的可能性等待著我們。

對尋求理解顯化奧祕的人來說，本書是一盞指路明燈。它提醒我們，我們的現實，是內心想法和信念的反映。翻開每一頁，你都在受到邀請，去探索自己意識的深處，並釋放想像的力量。

《從內在創造豐盛》不僅是一本書，更是一場體驗——這是一段旅程，能夠引領你從思想的領域，走入觸碰得到的現實。萬分開心向你介紹這部意義深遠的著作，它與我十分珍視的教導如此完美地契合無間。願你在閱讀的過程中，能像實踐顯化這個行爲一樣，充滿轉化和啓發。

心懷愛與感激。

（本文作者為創造顯化品牌Dear UNIVERSE®共同創辦人、顯化導師、暢銷作家）

自序

顯化你所有的夢想

你好啊，美麗的人兒。

如果這本書來到你的手中，那絕非偶然。上帝、女神、神性、至高者、宇宙、先祖、無限智慧、大母神，或者○○（請填入你所選擇的任意名稱），悄悄計畫將你帶到這裡。遠在阿布杜拉誕生之前，生命就已經在悄悄地計畫，要帶給你這些知識。

如果你人在這裡，那就表示你正在尋求改變——並且已經決定顯化自己最深層的渴望。無論你是因爲什麼原因，翻開了這些書頁，這都是你理應抵達的此時此刻。這本書在呼喚著你的更多可能性。

我曾經處於跟現在的你相同的處境，焦慮像雜草般在我四周蔓延。我陷入了深深的自我懷疑，我那些遠大的夢想，似乎總是與我擦肩而過。我質疑自己的價值、能力，以及這世界是否還留有那麼一丁點的餘地，容許我去實現自己的渴望。我的期望因爲恐懼黯然失色，我的信心因爲懷疑幾乎蕩然無存。

但我發現了一個強而有力的事實：設計諸多星系、爲每一片草葉注入生命、爲每一個日出染上色彩的神聖意識，就在我的體內——也在你的體內。是的，同一個神、同一個萬物之源、同一個宇宙智慧，希望我們能夠顯化自身所擁有的每一個渴望。

我親身體驗過有意識顯化的力量。多年前，我無意間顯化了自己的願望。當時我說：「我需要的，也不過就是有個地方，能讓我睡個覺。」結果後來，我居然得以在洛杉磯某個地方的飯廳裡，躺在床墊上睡了一覺。從那時候開始，我就對「如何有意識地進行顯化」這件事，有了突飛猛進的理解。如今，我很感激自己能夠顯化出的各種喜事，例如我棒呆了的女兒、跟我夢寐以求的出版團隊所簽訂的一份意義非凡的出版合約、一個有趣的脫口秀試播集，以及與服飾品牌GAP合作的廣告。我甚至還顯化出了一些雖然較小但也很重要的事情，例如在一場演講之前，我急需一枚安全別針，而我也順利找到了。最近，我顯化了一個完美的家。我的經驗顯示，無論渴望或需求是小是大，有意識的顯化都能帶來幫助。

你的神聖職責，就是要將自己夢想的生活，變成現實。是時候，要讓你成爲那個，你注定要成爲的自己了。

你的那些渴望並非異想天開。你的渴望是一份靈性藍圖，等待你有意識地將之顯化，賦予其形貌。你的所有顯化，不僅僅是你個人的成就，也是生命本身遠大進化的一部分。你的渴望是能帶來進化的。

醒來吧，收穫的季節已翩然而至。

這本書，是你釋放內在神聖潛能的指南。你會發現不可思議的共時性、玄之又玄的巧合，以及毫不費力的生命之流，這些都是與神性和諧共處的一部分。

阿布杜拉大師選擇了你，也選擇了我。你是藝術家，也是傑出的作品。你正在追尋的事物，也正在以最超乎尋常的方式，尋找著你。你的渴望，被你的靈魂所吸引，正等待著你去實現、活出並成爲它。

無論你正在經驗什麼，你並不孤單。你跟過去、現在、未來每一個曾經對生命有著更多想望的靈魂緊緊相連。想像喀拉哈里沙漠中的一個小女孩，她向一顆流星許願，祈禱她最喜歡的那隻長頸鹿，能夠靠近她的住處；結果第二天早上，她發現那隻長頸鹿，正優雅地朝向她家走近。或是牙買加鄉村的一位年輕音樂家，顯化出了他的第一場演奏會。或是一個喜歡胡言亂語的小女孩，在搭乘紐約地鐵時，顯化了自己的夢想：有一天，她將克服重重困難，爲你寫下這本書。

跨越文化、宗教、時區和時間線，創造現實的內在能力，將我們連結在一起。這不只證明了我們共同的願望，也證明了我們所有人未來的可能性。

問題不在於會不會發生，而是在於何時會發生。你的命運已經書寫在星辰之中、編碼在宇宙的DNA之中——但要不要取得這項能力，就端視你自己了。

深深吸一口氣，去感受那無數可能性的能量，正在你周圍湧動。現在，全心投注於書頁裡的字句吧，因爲其中蘊藏著將夢想轉化爲現實的眞正祕密。

歡迎來到你燦爛人生的第一天，讓我們一起顯化一些奇蹟吧。這些教導，激發了我去擁有更遠大的夢想。你可以顯化任何事物；而我所說的任何事物，眞的是毫無限制。如果我都能做到，你也一定可以辦到。

願阿布杜拉的教誨，也能成爲你的指引，讓你也能踏上那條道路，成爲世界上最幸運的人。

把自己放在一條新的時間線上吧。

成眞吧！它已經實現了。

雅碧歐拉

愛與魔法

引言：顯化的傳統及使用說明

尊貴的讀者，你好。我的名字叫做阿布杜拉，我是你從未聽過、最為著名的神祕學家。無論你最喜歡的靈性導師是哪位，我都影響了他們的靈性導師。今天，你之所以會拿起這本書，是為了讓自己能夠享受超越你夢想的人生。我個人的故事，絕大部分已湮沒於歷史的縫隙之中，但透過文字的力量，我的教誨仍留存於世。

——你的老師

在人類誕生最初夢想的搖籃，在那古老的火焰之地，坐落著神聖的阿布納．耶瑪塔．古赫（Abuna Yemata Guh）[1]，這是一座鑿開了高聳峭壁所闢建而成的衣索比亞東正教教堂。阿布納．耶瑪塔．古赫雖然是由人類以雙手打造而成，但顯然是神靈賦予了其

1 譯註：此處採音譯，其原始涵義為「耶瑪塔祭司的拂曉之地」。衣索比亞人說，能在該處的山頂看見世界的初始。

存在。

要爬上這座建於西元四世紀的教堂，必須赤腳攀登陡峭的岩石。阿布納．耶瑪塔，是以「九聖人」之一的名字命名——「九聖人」是一群敘利亞僧侶，他們於西元五、六世紀之間，在衣索比亞傳播基督教。

伊斯蘭教早期傳入衣索比亞的歷史，可追溯到西元七世紀，也就是先知穆罕默德的時代。引入這種信仰的不是那些征服者，而是逃避迫害的麥加難民。慈悲的阿克蘇姆國王，在聽到了《古蘭經》的經文以後，便爲逃亡者提供了庇護所。

猶太教傳入衣索比亞的過程，充滿了傳奇和神祕的色彩。衣索比亞猶太人，也被稱爲貝塔以色列人（Beta Isreal，意思是「以色列之家」）。據說，是《聖經》中所羅門王和迷人的示巴女王所生下的後裔，將猶太教傳到了衣索比亞。他們之間的另一個故事，將貝塔以色列人與猶太流亡者連結了起來。猶太流亡者是在耶路撒冷第一聖殿倒塌後，才四處尋求庇護。他們先是前往埃及，後轉往衣索比亞。早在西元前十世紀，猶太人的禱告聲，就可能已經在爲衣索比亞增添光彩。

亞伯拉罕信仰進入衣索比亞時，被融入了豐富的靈性和哲學遺產。衣索比亞的原住民宗教，爲伊斯蘭教、猶太教和基督教中的神祕主義和深奧闡釋的萌芽，提供了肥沃的土壤。

衣索比亞的神奇顯化傳統

在告訴一位朋友，我正在書寫一位衣索比亞神祕主義者顯化的祕密時，她問我，衣索比亞有沒有「法術」。「法術」一詞，通常指的是源自西非的私人魔法、治療和靈性系統，最初由被奴役的非洲人在美國施行。做法通常是使用草藥、樹根和其他自然元素，以及神聖詩歌、祈禱和靈性儀式。

雖然傳統上來說，衣索比亞文化中並不使用「法術」一詞，但衣索比亞擁有豐富的原住民靈性實踐歷史，其中許多都包含了類似的元素。舉例來說，在某些衣索比亞的傳統做法中，會使用草藥和自然元素，來提供治療和保護的功效，也會舉行儀式或典禮，來接觸靈性存有或祖先的靈魂。

衣索比亞的煉金術，與科普特基督教（Coptic Christianity）[2]、當地的神祕主義，以及原住民的習俗息息相關。與衣索比亞靈性煉金術有關的代表性典籍之一是《所羅

2 譯註：為今埃及、中東、蘇丹和利比亞等地規模最大的基督教教派。其主張基督合一性論，即基督的神性與人性是一種複合存在，此二性「不相混亂、不相交換、不能分開、不能離散」。

門智訓》（*Wisdom of Solomon*），其中深入探討了神聖知識、形上學眞理、聖經見解，和靈魂轉化等煉金術原理。

衣索比亞的許多民族都施行煉金術。伊斯蘭教內的神祕主義教團「蘇菲派」，在衣索比亞有著重要的影響力。在衣索比亞的蘇菲派中，實踐寂克爾（dhikr，也就是緬懷眞主）是爲了顯化內在的神性品質。這個傳統教導人們，藉由淨化內在的自我，可以創造更好的外在生活環境。不覺得聽起來很耳熟嗎？

轉化，這個煉金術的核心主題，遍布在衣索比亞的民間傳說、宗教典籍、在地療癒者和醫療藥物，以及傳統習俗之中。在這種獨特的環境裡，古代的衣索比亞學者、說書人和神祕學家，都已經在探索永恆的眞理，這些眞理往往先一步呼應了後來在新思想運動（New Thought Movement）[3]中發現的一些法則。

衣索比亞的神奇顯化傳統，包括：

- 在奧羅莫（Oromo）文化中，靈性導師會以草藥和礦物質進行儀式，將負面的能量轉化爲正面的能量。
- 從事農業的古拉蓋人（Gurage people），將自然世界視爲神性眞理的映射，類似於吸引力法則對相互能量交換的重視。

• 在提格雷北部地區，在古老的扎麥（Tsamai）信仰體系中，包括了將世俗行爲與靈性意念相互結合的思維。

• 哈馬爾人（Hamar people）的信仰，符合了看不見的靈性力量會對物質世界帶來影響的觀點。

• 孔索人（Konso people）體現了因果關係或「如其在上，如其在下」[4]的神祕觀念。

• 儘管居住在沙漠地區的阿法爾人（Afar people）生活條件惡劣，但他們的願景和信仰，與假設法則對正向期望的重視不謀而合。

這些只是其中的幾個例子。這片充滿力量、信仰和哲學的土地，孕育了一位名叫

3 譯註：發生在十九世紀初的新宗教運動。擁護者認為，自己是「古代思想」（如古代的希臘、羅馬、埃及、中國、道教、印度教、佛教等）的追隨者。其核心思維之一即是：神性存在於每個人之內，所有人都是靈性存有。

4 譯註：這是古代煉金術的宇宙觀，完整句子為：「如其在內，如其在外；如其在上，如其在下。」意思是：我們自身以外的「大宇宙」，以及我們自身及我們之內的「小宇宙」，是連結的、一體的。

阿布杜拉的神祕學家：他不只富有遠見，更是先知、學者、煉金術士和靈性導師。

顯化大師阿布杜拉登場

我過去期望它發生，我現在仍然期望它發生，我未來也將期望它發生，直到我所期望的事情分毫不差地發生了。

——阿布杜拉

思想領袖阿布杜拉，是一位有著穆斯林名字的衣索比亞黑人猶太拉比，他在二十世紀初的紐約市教授靈性課程。他戴著頭巾、身材高大、氣質出眾，擁有烏黑美麗的膚色，這不是一個會消失在歷史背景之中的男人。你可能從來沒有聽過他的名字，但你一定聽過他轉化人心的靈性教誨，這些教誨至今依然迴盪不已。

阿布杜拉很可能出生於一八四〇年代，他活了一百多歲。據他的祕書說，他曾在牛津和紐約等地居住，後於一九五七年返回衣索比亞去世。著作頗豐的作家約瑟夫．墨菲（Joseph Murphy）認爲他來自以色列，所以或許也曾造訪該地區。阿布杜拉住在著名的摩根索（Morgenthau）大宅，地址就位於曼哈頓中央公園西側的西七十二街三〇號，而我是在東八十三街那邊上初中和高中，兩地相距不遠。

《祕密》背後真正的導師，傳授顯化的祕密

阿布杜拉知名的學生，包括新思想運動的數名領導人物內維爾・高達德（Neville Goddard，大家通常只記得他）、約瑟夫・墨菲博士、溫妮弗萊德・麥克卡德爾・弗拉德（Winifred MacCardell Flood），可能還有約翰・麥可唐納（John McDonald）和沃特・C・藍楊（Walter C. Lanyon）等人。內維爾說，阿布杜拉爲許多知名人物提供過諮詢服務：「科學家、醫生、律師、銀行家，來自各行各業的人，都來（尋求）與老阿布杜拉會面。每一個獲得允許、得以到他家造訪的人，都爲能夠與他見面一事備感榮幸。如果有人邀他出去（這件事確實會發生），他通常都會是貴賓。」拉比也會來跟他一起學習。阿布杜拉的居所，是以各種增強靈性的課程而聞名。

內維爾也向朋友和熟人（例如福里頓・貝瑞〔Freedom Barry〕、林德爾・沃頓〔Lindell Warden〕、瑪格莉特・茹絲・布魯姆〔Margaret Ruth Broome〕和伊斯瑞爾・雷加迪〔Israel Regardie〕等人）講述了他與這位「傑出而優秀的紳士」的相處經驗。而雷加迪則稱阿布杜拉爲「非比尋常之人」和「巨人般的衣索比亞拉比」。

然而，至今仍有人懷疑阿布杜拉的存在。對某些人來說，實在很難想像會有這麼一個名爲阿布杜拉的黑人，明明就生活在種族隔離制度下的美國，卻依舊能夠掌控自己的生活。我不會在這裡調查阿布杜拉的眞實性，或試圖去證明他是否存在——因爲他的確存在過。老實說，我覺得人們在這個話題上耗費的大量心思，非常令人反感。一位作家甚至勇敢地承認：「一開始，我很難相信阿布杜拉是眞實的，因爲在我看來，他太『白人』了，但這就是我對歷史的無知。」

而我之所以不覺得奇怪，也許是因爲，我的父親是一位脾氣暴躁、年邁而睿智的黑人教授、神職人員，也是來自另一個國家的靈性導師，所以我從對阿布杜拉的描述中，並沒有感受到想像中神祕的大師或「神奇的黑人」的氣息。我覺得他是一位博學、賢明、務實、改變生命的實踐者。也許是因爲，我來自重視口傳文學的文化，在我的一生當中，我感覺就認識好幾位像阿布杜拉這樣的人。

阿布杜拉沒有留下太多書面紀錄，但他是眞實的。事實上，我時時刻刻都感受得到他的能量，而你也將感受到。縱有不少懷疑者，但在社群平臺Reddit、臉書和其他論壇上，都有一群熱情的追尋者和信徒，深受阿布杜拉的智慧吸引和著迷。本書的目的，是要分享他的轉化課程，這是我的神性使命和神聖召喚。

從內維爾到阿布杜拉，一切並非偶然

你有責任運用顯化的方式，創造最美麗的人生。你是一名煉金術士，擁有創造世界的力量。你所顯化之物，能夠擴展我們所有人的意識。此刻你所看到、在你眼前的一切，最初都存在於某人的想像之中。你是進化的一部分——我們都是。

如果老祖宗等級的形上學家想要吸引你的注意，他們眞的能辦到。就以你拿著這本書來說吧，這件事並非偶然。事實上，如果你稍微想一想，自己是如何接觸到這些教誨的，甚或是如何找到我的，你不覺得這個途徑很神奇嗎？

約莫十年前左右，爲了療癒一場特別可怕的失戀，我決定在父母家隱居幾個星期。每天早上，我都會到門廊上寫日記，然後跟郵差史蒂夫打招呼。我不記得我們是怎麼開始討論起顯化的，但幫我母親送信的郵差，開始告訴我有關內維爾．高達德的事——不對，我不應該用「告訴」這兩個字——史蒂夫開始「懇求」並迫切地堅持要我讀內維爾的書。

大約在同一時間，我心目中的心靈導師偉恩．戴爾（Wayne Dyer）博士，開始宣揚起內維爾的福音，並根據他的教導出版了《夢想的顯化藝術》（*Wishes Fulfilled*）。每週一的下午四點，我都會在賀氏書屋的電臺收聽戴爾博士的節目。當時，我正在教授《祕密》和肯定句，而且已經是佛羅倫斯・斯科維爾・希恩（Florence Scovel Shinn）和亞伯拉罕・希克斯（Abraham Hicks）[5]的學生。大學畢業後，我有幸在美國財經媒體CNBC的心靈勵志脫口秀節目《生活與健康》（*Alive and Wellness*）裡實習，節目裡介紹了露易絲・賀（Louise Hay）的作品。我還在搭地鐵時，讀了伊雅娜・范贊特（Iyanla Vanzant）的第一本書。所以我當時以爲，我已經知道了自己所需要知道的一切，並且認爲所有希恩時代的「新思想」領導人物，都說著相同的話。

在我的成長過程中，我爸爸有一個大靈修書庫，還訂閱了一份「古怪」而深奧的刊物，叫做《玫瑰十字會文摘》（*Rosicrucian Digest*），其中有個兒童專區。我和姊姊小時候也做過願景板，縱使我們並不是這麼稱呼它。所以，這些對我來說都不陌生。我於是以爲自己已經知道了所有的相關資訊。

直到我終於回到位於哈林區的住家，並開始閱讀有關內維爾的文章，我才震驚地發現，他出生在巴貝多（Barbados）。一開始，我對這件事情很反感。我的曾祖父大衛是巴貝多人，而我知道，任何來自巴貝多或蓋亞那（我家族裡其他成員的故鄉）的歐洲人，都可能與那些殖民或奴役我祖先的人有直接關係——而且內維爾的祖先以善於經商而聞名。事實上，內維爾的家就位於糖種植園內，而他們家正是種植園主；我那些被奴役的家人，就在甘蔗種植園內工作。他甚至提到，他的兄弟塞西爾搬到了蓋亞那的德梅拉拉（Demerara），可能是爲了去賣糖。

在更深入的研究中，我很高興地了解並「見到」了阿布杜拉，**這位黑人是內維爾的指導者和靈性導師**。

內維爾寫道：「我的老朋友阿布杜拉，他的頭上纏著頭巾，膚色就像黑桃 A 一樣黑。」然而，據各種資料顯示，在美國種族隔離的年代，阿布杜拉卻能過著隨心所欲的日子。

當代心靈勵志大師都是他的學生，無一例外

富有魅力的靈性導師阿布杜拉，以大膽的教學方法聞名，用簡單易理解的詞彙，傳達複雜的形上學概念。舉例來說，阿布杜拉以打嗝的聲音，來貼近並教導希伯來語中上帝名字的正確發音「יהוה」。阿布杜拉也是一位精通深奧難解知識的大師，擁有

5 譯註：為作家伊絲特・希克斯（Esther Hicks）透過冥想聯繫上的、一個高度進化的非物質界群體，告知了希克斯夫婦宇宙法則背後的真正意義，以及吸引力法則的強大效果。

通靈的能力。他透過對《聖經》的新舊約和猶太哲思「卡巴拉」的深刻理解，來教導基督教的原則，並將這些教義融入自己的靈性哲學中。阿布杜拉對學生相當嚴格，要求他們全心投入、遵守紀律、盡心盡力。

摘自內維爾的話：「一九三一年，第一次見到我的朋友阿布杜拉時，我走進一個房間，他正在裡面演講。結束後，他走過來伸出手說：『內維爾，你遲到了六個月。』我從來沒有見過這個人，所以我說：『我遲了六個月？你是怎麼知道我的？』他回答：『兄弟們先前就告訴過我你會來，但你遲到了六個月。』」兄弟們指的就是天主、神性、上帝或眾神。

在阿拉伯語中，阿布杜拉的意思是「神的僕人」。這個名字通常與伊斯蘭教有關，但可能會因爲幾個原因，而出現在猶太衣索比亞人之中。正如一位衣索比亞朋友向我解釋的那樣，在當地，這種跨文化的命名方式，並不像在其他地區那麼罕見。這個名字可能來自皈依或跨宗教婚姻，即父母一方是猶太人，另一方是穆斯林。在不同宗教團體共存歷史悠久的地區，源於某一種傳統的名字，會在另一種傳統中變得流行起來。有些人，可能會因爲某個名字與某位受人尊敬的人物有關聯，進而在無視自身宗教的情況下，便採用了那個名字。由於擔心受到迫害，衣索比亞的一些猶太社群，已經躲藏了好幾個世紀。在這些地區，採用大多數人通用的名字，可能是用來保護自己身分的一種策略。

在衣索比亞，超越宗教局限的聖人被稱爲德布特拉（dabtera）。在內維爾的描述中，阿布杜拉是一位拉比，同時也是基督教的大師。衣索比亞神祕主義強調透過靜心冥想、祈禱和其他練習，與神建立直接的關係。衣索比亞神祕主義受到多種傳統的影響，包括其本土宗教、猶太教、伊斯蘭教和基督教，主要宗旨包括：萬物的一體性／相互關聯、煉金術、靜心冥想、社群的力量，以及符號和儀式的使用。衣索比亞的傳統教義認爲，裝有十誡石板的約櫃，保存在阿克蘇姆古城之中。

衣索比亞神祕主義和卡巴拉，有某些重疊之處。這兩種傳統都強調尋求靈性知識和理解的重要性，而且認爲世界充滿了神性的能量，也都使用靜心冥想和視覺化的形式，來連結神性的能量，並加深對靈性的理解。

在卡巴拉思想中，物質世界被視爲心靈世界的延伸，而我們的思想和行爲有能力去影響塑造現實的靈性力量。除了正向思考，卡巴拉教義也強調，將正向結果視覺化以促成其顯化的重要性。

某些衣索比亞神祕主義和古代凱美特思想（Kemetic thought），也有重疊的地方。阿克蘇姆王國，是位於現今北衣索比亞和厄利垂亞（Eritrea）之間的古老文明，它與古埃及之間有互動，可能也吸納了凱美特哲學和靈性思想的某些面向。

當代主流心靈勵志運動的教母與教父，也就是露易絲・賀和偉恩・戴爾，都與阿布杜拉最著名的學生，也就是新思想運動先驅內維爾・高達德和約瑟夫・墨菲有所連結，並直接受到他們的影響。

在二十世紀初，內維爾和墨菲被阿布杜拉的教誨所感動，因此在作品中都有提到他。毫無疑問，就連許多沒有提過他的人，也都受到這位黑人的影響。現今能找到關於阿布杜拉的文獻，大多來自內維爾的講座和著作。我們知道阿布杜拉教導了內維爾卡巴拉主義、神祕主義、新思想和聖經課程，以及有意識的創造。因此，我會從內維爾的作品中，分享源自於阿布杜拉的教誨。我也會分享阿布杜拉的繼承人、弟子、傳聞中的弟子，包括作家和靈性導師的相關教導，包括：墨菲博士、沃特・C・藍楊、溫妮・麥克卡德爾・弗拉德、福里頓・貝瑞、林德爾・沃頓、瑪格莉特・茹絲・布魯姆、約翰・麥可唐納等人。直接受到內維爾教導的學生，以及那些受到內維爾影響的人，還包括：提倡黑人生活科學的著名人物艾克牧師（Reverend Ike）、靈性大師鮑伯・卜羅克特（Bob Proctor）、作家卡羅斯・卡斯塔尼達（Carlos Castaneda）、暢銷作家朗達・拜恩和新思想牧師凱薩琳・龐德（Catherine Ponder）等人。

想要顯化能夠自我掌控的生活嗎？

阿布杜拉爲我們留下了煉金術的智慧和禮物，以共同創造我們的渴望。他最著名的那些弟子，不僅將智慧傳授給我們，也運用這些教誨創造他們的夢想人生。內維爾是一位富有創造力的商人，他顯化出自己的妻子；墨菲博士顯化出他夢寐以求的豪宅，而他們都透過顯化的能力，成爲擁有財富和名聲的著名作家及心靈導師。

若阿布杜拉一直保持隱匿和神祕，我相信並認爲這就是他刻意顯化出來的。你會發現，儘管他在歷史上的存在飄忽不定，卻有著持久不滅的能量。在我知曉了他的存在之後，他的精神就再也不曾離我而去。

如何使用本書？

準備好了嗎？

此刻的你，握有一把鑰匙，不僅能夠開啓自己的顯化潛能，還能創造出一種超乎你最狂野的夢想的生活。沉浸在這本書中的時候，你要允許自己釋放掉舊有的信念和思維。要懷抱這樣的想法：你有能力創造出超越自己想像的生活。帶著好奇心去接觸這些教誨，就像你正在踏上一場偉大的冒險。因爲你眞的是！

你可以透過幾種不同的方式，來體驗本書和阿布杜拉的教導。最有效的方式，是從頭到尾讀一遍，讓各種教導彼此交互建構。你也可以一段接著一段閱讀，每一次在讀下一段之前，花點時間反思和練習這些概念，然後再繼續。另一種方式，是依循直覺的引導，讓你找出理解那些奧祕與程序的完美順序。

這本書的**重點不在閱讀，而在執行**。你將在其中找到適合的方法，來幫助你顯化及成長。

羊皮卷

你要相信，自己與生就具備一股力量，能夠創造出你所渴望的生活。仔細去看，你就會發現，萬事萬物似乎都齊心協力要讓你的夢想成眞。阿布杜拉的靈性法則——靈性奧祕——讓我們得以使想像成眞。

指令

阿布杜拉相信「肯定句」的力量，而這在當時被稱爲「自我暗示」。每次在上課前，他都會做一次合一性禱告，並讓學生將《聖經》中的摘錄記憶下來，以作爲肯定句。阿布杜拉經常反覆念誦以下的自我暗示：

> **我過去期望它發生，我現在仍然期望它發生，我未來也將期望它發生，直到我所**

期望的事情分毫不差地發生了。我沒有忘記自己的期望。我過去期望它發生，我現在仍然期望它發生，我未來也將繼續期望它發生，直到我所期望的事情分毫不差地發生了。所以我會假設，我就是自己想要成為的那個人。我現在仍然假設自己就是那個人。我未來也將繼續假設自己就是那個人，直到我所擁有的事物，以及我仍然在假設的那個自己，已經顯化了。

阿布杜拉的延長型肯定句是一道指令，要你堅持不懈和信守自己的願景。在成長的過程中，我深受老派勵志作家奧格．曼迪諾（Og Mandino）的著作所啓發，他在作品中分享了延長型肯定句。參照阿布杜拉的宣言及奧格．曼迪諾的教誨，本書每一個章節都有一個指令，讓你可以讀給自己聽。這些指令都是肯定句，讓你得以改寫自己的心靈。若是想要改寫自己的想法，再三重複是非常有效的做法。如果眞的想要帶來巨大的影響，你可以在三十天內，每天朗讀每個指令三次。

反思自問與練習

自我反思是一個強大的工具，能讓你創造出自己想要的東西。花點時間，反思你目前的信念、渴望和思維模式。在本書中，你將會看到一些發人深省的「反思自問」。這些問題是設計來加深你的自我理解，並加快顯化速度。在閱讀本書的過程中，請使用這些能夠帶給你提示的問題，記錄下自己的想法、恐懼和渴望。預留一些時間做這件事吧。

額外章節：顯化程序

在這本書的最後，我分享了五個阿布杜拉的顯化程序，幫助你將能量和意念，跟你想要顯化的事物結合。每一個程序的設計，都是爲了要讓你的心靈、情緒和行動發揮共同作用。你可以在任何時候，做任何一個程序。即使沒辦法立刻完全理解，也要以開放的心胸和積極的態度去嘗試和探索。請隨意進行調整，以符合你的眞實情況。

你的老師

在整本書中，你會注意到「你的老師」中的引文。爲了區分阿布杜拉的引文，以及我透過連線的方式，從他那裡獲得的智慧之言，阿布杜拉的引文，會被署名爲「阿布杜拉」，而摘錄自連線內容的文字，則註明爲出自「你的老師」。

第一部
顯化的基礎

九十多年前，我在衣索比亞撿到了這具肉身。

——阿布杜拉

親愛而尊貴的讀者，

你正站在一條非凡之路的起點，這條道路有可能重塑你的認知，讓你得以理解何謂有意識的創造者，以及世界的真實面貌。在踏上這場冒險時，你應該先在「顯化的基礎」上打好根基。在顯化的基礎中，你將建立起一套基本原則，並藉由它撐起有意識創造的技巧。

邀請你開始這趟自我發現的朝聖之旅，並準備好重新喚醒自己的創造天賦。

願你能逐漸認識到，自己內在的操作之力；願你運用這股力量，創造一個能夠反映你內在深處渴望的世界。

懷著深深的敬意和衷心的祝福

——你的老師

歡迎來到「顯化的基礎」，這是你進入顯化世界的起點。在第一部中，我們將探討有意識創造的基本概念。在這裡，你將了解到構成顯化過程的原則，藉此提供你所需的工具，以利用自己的想像，來實現你最深層的渴望。

阿布杜拉典範：「我是」

你是否曾感到自己身上有個強而有力的部分，它的力量遠超過你的名字、工作或興趣？這個意識，內維爾稱之為**「我是」**。它就像超級英雄版的我們，始終存在、始終強大，縱使我們不常注意到它的存在。

這個典範，捕捉到了一個超越自我肯定句的眞理：你的「我是」意識，是你內在神性的體現。

這個詞源自《舊約聖經》經文，講述了上帝對摩西宣告「我是我所是」（I AM THAT I AM）[1]的那一刻。這句話不只是宣告神的身分，也是邀請我們去認識：這種神性的本質，這種無所不能的能量，就在我們每個人的體內。在說出「我是」的時候，我們是在祈求上天賜予我們能夠塑造萬物、無所不能的神性能量。

阿布杜拉典範，邀請我們刻意去體現「我是」的意識。這不只是一種方法，甚至也不只是一種心態，而是將我們的渴望、夢想和抱負，與內在神性力量的永恆和無限潛能結合起來。

阿布杜拉典範邀請我們更深入地去理解顯化。它就像是配方中的主要成分，如果我們能夠理解這一點，其他所有的教導和課程就會變得更有意義。它讓我們知道，在內心深處，我們有能力去創造自己的世界，而其核心，就是「我是」這兩個字所帶來的特殊感覺。它能提醒我們，我們的能力比自己想像的更為強大。

透過「我是」的意識去顯化

想像一下，你站在一座美麗森林的邊緣，前方有兩條路。第一條路，通往一段不斷渴求與期望的旅程，路標上寫著「我想要」。另一條路，則用金色的字體寫著「我是」，它能通往一段實現與滿足的旅程。我們對這兩條道路的抉擇，就意味著我們是如何被導引去顯化的。

對大多數人來說，「我想要」相當耳熟能詳。類似「我想成功」「我想要愛」或

1 譯註：出自《聖經》出埃及記第三章。在中文版的聖經中，這個句子多譯為「我是自有永有的」。此處為符合英文原意，故採取此種譯法。

「我渴望和平」這樣的句子，我們幾乎都是脫口而出。**但這些話語，都帶有匱乏的意味。**「想要」，表示我們所尋求的東西遠在天邊、遙不可及或不可希冀。

現在，思考一下「我是」的力量。在宣告「我是成功的」「我是愛」或「我是和平」時，我們的觀點就會發生劇烈的轉變。你不再置身於夢想之外，而是站在夢想的核心。**「我是」是一座橋梁，帶你從期望，變成實現。**

練習：「我是」靜心冥想程序

目的

透過進入深層狀態，來增強你的顯化能力。

透過一次又一次對自己說「我是」「我是」「我是」，來沉浸於此時此刻之中。繼續對自己宣告「我是」，不要添加任何附加描述，只要繼續去感覺「我是」就好了。在毫無預警的情況下，你會發現自己已經脫離了將你綁在淺層問題上的錨，潛入了深層之中。

> 這通常會伴隨著擴張感。你會覺得自己在擴張，就好像你真的在變大一樣。不要害怕，勇氣是必要的。你不會因為過往的限制而死去，但過往的限制會因為你的離開而消亡，因為它只存在於你的意識之中。在這種深層或擴張的意識中，你會發現自己身上有一股以前從未夢想過的力量。

這段強而有力的文字引述自內維爾，提到純粹地活在當下，以及沉浸於「我是」狀態的重要性。

在阿布杜拉的教導中，我們發現了一個世界；在這個世界裡，我們內心的想法和信念，掌握著形塑外在現實的關鍵。但除了意識的力量，還有更深層的覺知。這是神之意識的領域，是我們與內在神性火花連結的空間，是我們與神性相互連結的永恆部分。在這裡，我們可以釋放終極潛能，顯化夢想，過著最充實的生活。進入這種存在狀態最有效的方法之一，就是透過「我是」靜心冥想。

「我是」靜心冥想技巧，是通往你與生俱來的神之意識的直接管道。透過反覆肯定「我是」，你就能與創造的力量結合。

深深地進入「我是」靜心冥想時，你將體驗到超越日常自我的擴張感和連結感。你會發現自己超越了各種限制，這是純粹存在的狀態。在這種狀態下，讓夢寐以求的生活顯化的力量，成為了現實，將幫助你與神之意識連結。

「我是」的靜心冥想練習，可以重塑你對自己和周圍世界的理解。

做法

❶ **找個安靜舒適的空間**，在不受到打擾的情況下坐著或躺著。你要維持在放鬆但仍保持警覺的狀態。

❷ **閉上雙眼**。緩慢地深呼吸幾次。吐氣時，釋放所有緊張或壓力。讓肌肉放鬆，釋放所有的煩惱。

❸ **把注意力放在呼吸上**。吸氣和吐氣時，注意胸部的起伏。讓呼吸自然、輕鬆。

❹ **開始默念「我是」**。在腦海中不斷地重複「我是」。如果想要的話，也可以大聲說出來。緩慢而有意識地說出這兩個字。在重複「我是」時，釋放掉任何浮現於腦海中的其他想法、判斷或干擾。

❺ **意識停留在當下，維持覺知**。試著只將注意力放在「我是」這個詞上，不要添加其他想法、感受或限制。如果你開始走神，輕輕地把注意力拉回「我是」。

❻ **在靜心冥想時，你可能會留意到，自己正在經歷某些感覺、情緒或領悟**。不

帶判斷地觀察它，讓它自由來去。保持在「我是」的狀態中，單純地待在這一刻並觀察。

❼ **逐漸結束靜心冥想。**在大約十到十五分鐘（如果你想要，也可以更久）後，逐漸結束靜心冥想。慢慢加深呼吸，並注意周圍的環境。睜開雙眼，對這段經歷心懷感激。

透過定期練習「我是」靜心冥想，你就可以跟與生俱來的神之意識連結，培養更深層的自我覺察，並挖掘內在的力量，來顯化你的夢想生活。

練習：「我是」深度練習

目的

一旦接納了「我是」意識後，顯化就會變得更像是在重拾你內在已有的魔法。這會使得你所採取的每一步，都變得是有意為之，而且專注又有力。一旦體現了「我是」的存在方式，你就不只是在將渴望化為現實，你還成為了自己所渴望的事物。

以下是能夠讓你與「我是」本質結合的做法。

做法

- **「我是」的角色扮演：**花一天的時間，去體現特定的「我是」宣言。舉例來說，如果你選擇了「我是自信的」，那麼你的穿著、說話和行為，都要散發出自信。參與你通常會迴避的活動，並留意這種身分的轉變，會對你的體驗產生怎樣的改變。
- **互動式「我是」板：**在家中設計一塊觸覺板或觸覺空間，專供你有意識顯化的某種「我是」使用。融入能夠代表你的陳述或肯定句的紋理、材質、顏色和物件。每天觸摸、重新排列，並與之互動，以感受並強化你所選擇的存在狀態。
- **「我是」對話：**想像你的「我是」本質（如「我是勇氣」或「我是愛」）為獨立的實體，向它提出問題、尋求指引，並聆聽答案。
- **「我是」聲浴：**建立能夠跟你的「我是」陳述產生共鳴的播放清單或聲音庫。以「我是平靜的」為例，你可以加入輕柔的雨聲、柔和的鈴聲或寧靜的旋律，讓這些聲音放大你所選擇的「我是」本質。

- **正念錨定**：在忙碌的日常生活中，人很容易陷入被動模式。每當出現挑戰或情緒高漲時，用「我是」的意識來錨定自己。你可以自問：「哪個『我是』能為我的反應帶來引導？」有意識地選擇那個能夠引領你前行的「我是」本質。
- **與「我是」一起漫步在大自然之中**：選定一個「我是」肯定句，到戶外走走。在散步時，透過那個肯定句的濾鏡，來觀察周遭環境。如果你的肯定句是「我是豐盛的」，就要去留意身旁的豐盛：大把的樹葉、各種的聲響、各類的感受。
- **「我是」運動**：欣然地選定一個能夠與你選擇的「我是」連結的動作或舞蹈。以「我是自由的」為例，你可以狂野而自由地跳舞。如果是「我是理智的」，那麼可能是緩慢、沉穩的太極拳或一連串的瑜伽動作。
- **「我是」藝術**：無論是繪畫、手作、雕刻或塗鴉，都可以創作出一件能夠代表某種「我是」肯定句的藝術品。這個作品可以是抽象或文字的，但創作的行為會鞏固你與所選擇身分的連結。

阿布杜拉悖論：相信就會看見

你相信什麼？

我們都聽過「眼見為憑」這句話。我們需要先親眼看見了，才能相信一件事情確實為真，這麼做的確有其道理。但如果你改為相信「相信就會看見」呢？換句話說就是：相信什麼，就會看見什麼。要從唯有身歷其境才能相信，轉變為上述的這種思維，無疑是想法上的巨大改變。

「相信就會看見」既簡單又富革命性，這不是一廂情願的想法。阿布杜拉的教導，建基於對**意識本質**的深刻理解。這種古老的靈性和哲學智慧，挑戰了我們自以為是的已知。

「相信就會看見」的說法，可以追溯到很久以前，甚至遠在阿布杜拉出現之前。來自世界各地的許多古老靈性教導和習俗，都採用了這個概念。

印度教哲學裡有這麼一句話：「個人如是，宇宙亦如是。」我們體驗到的外在事物，反映了我們的內在。在赫米斯（Hermeticism）[1]教義中，也有類似的思想：「如其在上，如其在下」，或是「如其在內，如其在外」。大宇宙中發生的事情，會反映在我們的個人經驗中，反之亦然。《聖經》馬可福音說：「凡你們禱告祈求的，無論是什麼，只要信是得著的，就必得著。」（新國際版《聖經》）。約魯巴人（Yoruba people）的宗教相信，靈性領域（Orun）跟物質（Aye）領域是連結的。先祖，以及被稱爲奧里薩（orisha）的神祇或靈體，是這兩個領域之間的橋梁。透過儀式、祭品和祈禱，祈求者將自己與奧里薩的能量結合，並在物質世界中顯化他們的渴望。位於西非馬利共和國內的多貢人（Dogon people），他們所信仰的概念「濃沫」（Nommo），代表一種原始力量，能夠透過話語的力量，創造出宇宙。多貢人相信，透過使用話語及祭儀，就可以形塑現實。在衣索比亞奧羅莫人的瓦克法納（Waaqeffannaa）信仰體系中，向唯一神瓦克（Waaq）和先祖獻上的祭儀和祈禱，能夠大大地形塑社群的幸福和繁榮，強調了信仰形塑現實的觀念。

1 譯註：據傳，赫米斯主義為希臘化時代（紀元前三二三年～紀元前三〇年）的傳說人物赫米斯・崔斯莫吉斯堤斯（Hermes Trismegistus，意思是三倍偉大的赫米斯）所創。其相關教義對煉金術、占星術，以及歷史上的各種靈性相關領域，產生了重大的影響。

練習：運用阿布杜拉悖論的方法

- **製作信念板**：不使用傳統的願景板，而是製作信念板。針對每個目標或渴望，寫下相對應的信念。例如，如果你想更常去旅行，就寫下「我是探險家」這個信念。這會強化你對想要顯化的事物的信念。
- **信念的體現**：選定一天，過著彷彿自己的信念已然顯化的生活。如果你想顯化為成功的作家，就花一天去扮演那個角色——寫作、選擇理想的出版社，或為你的作品撰寫簡介。要表現得彷彿這件事已經成真。
- **環境設計**：設計自己周遭的環境，來反映你的信念。如果你相信自己很富有，那就創造一個豐盛的環境——用豐富的元素裝飾你的空間、提升工作空間的品質，以及穿著會讓你感覺自己很富裕的服飾。
- **正念練習**：透過深呼吸或專注於五感等練習，來培養正念。這可以幫助你活在當下，並扎根於新的信念之中，尤其是在該信念面對外部環境的挑戰之時。

練習：處理懷疑跟疑慮

- **寫札記**：每當疑慮悄悄現身時，寫下你的感受。探究懷疑的根源，以及如何去解決。書寫可以幫助你處理感受，並強化你的新信念。
- **回饋循環**：找到能夠給予你的顯化支持、值得信賴的朋友或指導者。跟對方分享你的疑慮，並聆聽他們的觀點。這麼做不只能讓你獲得一些見解，還能幫助你堅定自己的信念。
- **好好思考時機的問題**：顯化可能不會在一夜之間發生。相信是一個過程，即便看不到立竿見影的結果，你的信念仍在塑造你的現實。
- **培養好奇心**：面對懷疑時，不要充滿戒備，而要變得好奇。提出各種問題，並嘗試理解其他觀點，但不一定要採納。「相信就會看見」這個想法，將能改變你生活的每一個層面，並將影響擴展到更廣闊的世界。你需要的，只是去相信各種可能性。無論外在環境如何，始終專注於自己的信念。

你想要的是什麼？

你真的想去嗎？

——阿布杜拉

你想要的是什麼？

做出決定，適用於生活的每一個領域：健康、愛情、財富、休閒、人際、事業和目標。我指的不是那些安全牌的夢想。

你眞正想要的，是什麼？那些可怕的、祕密的、你不敢大聲說出口的私密夢想。

要是我告訴你，那個夢想已經完成了呢？從你渴望它的那一刻起，它就完成了。

但要做到帶有明確意念的顯化，第一步，就是**做出決定**。

你心中的每一個渴望（從看似無關緊要的小事，到改變生活的大事），都帶有獨特的宇宙振動。你的渴望，構成了生命的偉大設計中，不可或缺的一部分。它們來自無盡智識和你靈魂的智慧。你的渴望召喚著你，吸引你去擁抱充滿目標、豐盛和快樂的美妙生活。

渴望是一份神性的禮物，也是對更高意識的邀請。每當我們對某件事感到強烈的渴望，就表示已經準備好迎接下一階的嶄新體驗和意識。認可自己的渴望，並遵循它們的引導，接受新的機會、見解和更大的使命感。

現在，我知道你在想什麼。我可以顯化名牌包或性感的新伴侶嗎？沒錯，全部都可以，但這只是冰山一角。是的，由阿布杜拉和我召喚來此的讀者，想要夢寐以求的房子、愛情關係和美麗的衣服，但你也希望獲得獎學金、他人不求回報的付出、對方主動表達愛意，以及家族世世代代使命的轉變。

在我們體內脈動的神性能量，都透過**暗示**、**提示和跡象**與我們對話。每一個跡象，都像一個小小的推動力，引導我們走向符合我們核心的眞實自我的經驗和成就。這些共時性現象看似是隨機的巧合，其實是老天設計來幫助我們創造未來的各種計畫。

你的渴望，是這個世界與生俱來的創造力的表達。這個最高的力量，無論是宇宙、上帝、起源，或是任何其他能夠和你的理解產生共鳴的名稱，就在你跟我的體內，透過渴望這個語言，來傳達它的意念。

透過對共同創造的過程抱持開放的心胸，你就可以騰出空間，讓無限的可能性得以進駐。

跟你的渴望相連結的，就是燃起一個火花。從你眞正扮演創造者的那一刻起，這個火花就會開始積極地形塑你的生活。

每一個渴望，都來自你靈魂深處的智慧，都帶有獨特的能量印記，就像你生命的特殊簽名。這個印記，代表了你在這個世界的大方向中的獨特目的。一旦你將自己與靈魂所激發的渴望連結起來，它就會成爲指南針，指向你生命的眞實方向。自然而然地，你就會創造出對自己和他人都有好處的機會和經驗。

你的渴望會引導你完成靈魂的使命。顯化你的渴望，可以讓你留下亙久的影響，就像永久的紀錄，裡面寫著你的旅程、你所學到的東西，以及你的成長歷程。

你的渴望，是內在的神性能量做出的重要承諾，它已經做好準備，並熱切地願意將之付諸實現。別再試圖控制一切了，要相信一切都會以其應當的方式發生，並且都是爲了要幫助你。這種屈服（臣服）的行爲，意味著完全的信心和信任。

創造已然完成

有個學生曾問內維爾：「你的祈禱技巧是什麼？」

他回答：

它始於渴望，因為渴望是行動的主要動力。你必須了解並定義自己的目標，然後將其濃縮成一種意味著實現的感覺。一旦能夠清楚定義自己的渴望，就不要動你的身體，並在你的想像中體驗那意味著渴望已然獲得實現的行動。一遍又一遍地重複這個動作，直到產生生動、真實的感覺。

或者，將你的渴望濃縮成一個暗示已然實現的短句，例如「謝謝你，父親」「這不是很棒嗎？」或「已然完成了」。在你的想像之中，一遍又一遍地重複那個濃縮的短句或動作。然後從那種狀態中醒來，也可以就滑落到意識深處——怎麼樣都沒關係，因為就在你昏昏欲睡、半夢半醒的情況下，完全接受了它的完成時，那個行為就已然完成了。

感恩的心，會激發大量的祝福，並引來善意和豐盛。這會強化你的連結力量，讓你最深層的渴望得以誕生。弄清楚自己想要什麼，然後運用想像去感受和體驗它，彷彿它已經發生。

一開始，在讀到內維爾的教導「創造已然完成」時，我感到很困惑。然後我才意識到，他的意思是，每當你渴望某樣東西時，它就已經存在於永恆的靈性領域中。正如內維爾理直氣壯地說：「因爲創造已然完成，所以你所渴望的已然存在。它之所以被排除在視野之外，是因爲你只能看到自己意識裡的內容。假設的功能，就是喚回被排除的視野，並恢復完整的景象。改變的不是世界，而是你的假設。假設，能夠將看不見的事物帶到眼前，這無非就是用神之眼去看見。」從現今的角度來看，他所教導的「創造已然完成」，就是量子顯化者[1]所說的多重時間軸。

你的每一個渴望，都存在於四維世界之中，隨時準備被取用。這個四維世界（一個超越時空限制的領域）蘊藏著你的夢想，等待著你去實現。身爲有意識的創造者，你的角色就是要意識到自己的渴望並非遙遠的夢想，而是存在於這個更高維度之中的「現實」。藉由堅定不移的信念，來促進你的渴望，並且假設那種已然實現的感覺，你就塡補了「創造已然完成」的靈性現實與物質世界之間的縫隙。渴望能夠推動你去實現內在最深層的願望。

練習：深入探索你的渴望

目的

發現你的渴望。一旦敢於表達自己的真實渴望，你就能釋放更多真實的自我。

❶**你想要什麼？**有哪些渴望正在萌發？這些渴望是基於物質需求、個人成長、人際關係、個人與靈性的進化，或是這其中幾項的組合？將它們統統寫在你的札記中，不要做任何批判。

❷**你的渴望會喚醒什麼情緒？**是否讓你亢奮，或喚起了你興奮、愛、喜悅或平靜的感覺？或者會激起你的焦慮、恐懼或懷疑？

❸**你的渴望要如何與你的生命意義結合？**你看得出兩者之間明顯的連結嗎？如果沒有的話，你剛好可以藉著這個大好機會，來探索和了解自己的生命意義。

1 譯註：是指以量子力學的思維來解釋顯化的人。曾獲諾貝爾物理學獎的普朗克（Max Planck, 1858-1947），被譽為量子理論的鼻祖。他表示：「我認為意識是一切的根本，我認為物質是從意識衍生而來。我們無法置身於意識之外。我們所談論的一切，我們認為存在的一切，都假定為意識。」

❹你會因而打算採取什麼行動（如果有的話）？

❺滿足這些渴望，對你和他人有什麼幫助？

❻你對自己的渴望，抱持著什麼樣的信念？你相信它們有可能會實現嗎？如果你有隱藏的懷疑或悲觀的信念，它們可能會顯化出障礙。找出那些受到阻礙的信念，是轉化它們的第一步。

❼如何培養對自身渴望所抱持的感激之情？感恩會加速顯化。

何謂有意識的顯化？

目的明確的顯化

有意識的顯化，是潛藏在每一個人體內的超能力，等待著我們去利用。這是一門藝術，能夠根據你的夢想和渴望，來創造和塑造你的生活，並且可以將想像出來的各種可能性，轉化爲現實。

事實上，你已經在這樣做了。沒錯，你一直都在顯化，即便是在你沒有意識到的時候。我們所抱持的每一個想法、信念和情緒，都會發射出訊號，並創造出各種體驗和機會。

有意識的創造，是顯化的核心。有意識的顯化，是一種帶有「目的性」的顯化技巧。

當代社群媒體上的顯化運動，針對「渴望成眞憑藉的是什麼」爭論不休。他們會說，渴望之所以能成眞，是因爲你在吸引它們、跳躍時間線、與神性合作、量子轉換，或是有意識地創造出新的結果。至於正確答案，或許以上皆是吧。只要最後能得到你想要的結果，又有什麼差別呢？

有意識的顯化，涉及仔細與明確的意念，將你的想法和情緒與渴望相互結合。這就像是爲你的夢想描繪藍圖，然後將其變成現實，將那些充滿想像力的想法逐一顯化。

正如我之前所說，顯化並不是什麼新鮮事。**它是宇宙定律**。也就是說，就像地心引力一樣，它就是這樣，而且一直都是這樣。世世代代流傳下來的智慧，都談到了內在世界和外在世界的相互關聯。在古代文明中，聖賢和哲人都意識到了思想和信念的影響力。古典典籍如《聖經》和其他宗教經典，都包含有關顯化的教導，強調了信心、意念和與神性意志結合的重要性。在非洲和亞洲的許多國家和文化中，口傳文學裡都分享了類似阿布杜拉所提到的那些教誨。

《祕密》將顯化的概念帶入主流

在十九世紀末及二十世紀初，北美的新思想運動成爲個人發展和靈性成長的一股強大力量。富有影響力的那些人，深入研究了心理治療和心靈力量，爲現在仍能引起共鳴的顯化原則，奠定了基礎。

在二〇〇六年，一部名爲《祕密》（*The Secret*）的開創性電影，吸引了全世界觀眾的目光。我還記得，我告訴所有的朋友：「嘿，你們一定要去看這部電影，它改變了一切！」由朗達．拜恩拍攝、歐普拉宣傳的這部紀錄片，將顯化的概念帶入了主流意識之中。《祕密》介紹了吸引力法則——同類相吸，以及透過將想法與渴望結合起來，就能吸引正面的結果進入我們的生活。

在將「吸引力法則」帶入主流意識方面，歐普拉發揮了重要的作用。她透過脫口秀和媒體平臺，向數百萬人介紹了與心靈勵志社群相關的書籍和重要人物。經由她的支持，顯化從小眾話題轉變成用餐時的談資。

在《祕密》之後，由伊絲特．希克斯所連結的「亞伯拉罕．希克斯」，成爲了吸引力法則社群的主要力量。他們引入了「振動對齊」等細致的概念，豐富了運動的內容。

無數人探索了自己的思想和意念的潛力。人們了解到，對於自身和生活，他們擁有的力量其實比自己想像的還要多。這是一件很美妙的事情！我當時已經嘗試過許多相關的做法。顯化概念成爲主流，讓我得以向全世界坦白，自己其實是個「祕密顯化者」。

目的明確的顯化，已經演變成有意識生活的一個重要面向。阿布杜拉的影響力仍然存在，因為他的學生（包括內維爾和約瑟夫．墨菲博士）所傳授的教導，繼續在形塑當代的顯化。他們對心靈及其創造潛力的深刻見解，留下了長遠的印記。

有意識的顯化並不神祕或深奧，這是一種不只能夠賦予你力量，還是實用且真實的方法，可以讓你有意地去塑造自己的現實。從本質上來說，有意識的顯化，涉及了覺察到自己的想法、信念和情緒的創造力，並且有意地將它們與你想要的結果合而為一。

在顯化的領域中，有兩種截然不同的方法：有意識的顯化和無意識的顯化。無意識的顯化指的是，我們沒有完全意識到自身的想法和信念促成了我們的體驗；有意識的顯化，則是主動介入我們的想法和情緒。

設定明確的意念，就像使用衛星導航系統一樣。一旦確定了自己真正的渴望，你就為顯化確立了方向。有意識的顯化鼓勵我們對自己誠實，並意識到什麼能夠帶給我們快樂。

你有能力塑造自己的現實，以堅定不移的信念和感恩之心，擁抱這個真理吧。

批評者認為，過度強調「正向思考」，可能會助長「毒性正能量」[1]和「靈性逃避」，從而忽視眞正的問題，如創傷、系統性不平等或心理健康問題。

請確保你對顯化的追求，是完善而非取代你的情緒療癒和心理療癒。

1 譯註：指的是人們抱持虛假的積極和樂觀，去面對所有的困難與挑戰，從而無法感知到自己的真實情緒，並從中學習及成長。

想像的力量

現在，就像穿衣服一樣，讓自己穿上巴貝多吧。穿上它，就像穿上另一件衣服，一如穿上另一件衣服，這樣你就會嗅到熱帶的氣息，你就會看到自己身在巴貝多。

——阿布杜拉

閉上眼睛，想像你活在自己渴望的現實中。將想法轉化爲現實的煉金術過程，就在你的想像領域之中。感受愛的溫暖懷抱、嗅到成功的氣息、聽見掌聲、品嘗此刻的滋味、感受美夢成眞。

人類意識的核心，就是上天賦予我們的禮物：想像力。

想像能創造現實

內維爾說：「如果神這個詞，以任何方式，在你的內心所召喚出的東西，不是你那人類的想像力所能勾勒出的任何美好事物，那你就是找錯神了。」對神的眞正了解，不是將之視爲某種與我們分離或外在的東西，而是視之爲我們內在意識和創造能力本質的一面。內維爾解釋：「你那身爲人類的美好想像力，就是你體內之神的眞正創造力。」

你的想像能創造你的現實。想像的本質，是你內在的神之意識。此時此刻，這句話聽起來可能「遙不可及」，但一旦擁抱了想像的力量，你將見證奇蹟的發生。你的想法、夢想和意念，形塑了你所經歷的現實。沒錯，想像能創造現實。

阿布杜拉說：「整個天堂都聽命於小孩子。整個地球都必須顯化出天堂所服從的，而天堂只服從小孩子的聲音。你必須永遠把基督一家視爲小孩。」阿布杜拉的教義強調，基督意識與我們的想像力和富有創造性的顯化力密切相關，就像孩子無限的想像力一樣。認知到並與這種內在的創造力結合，會影響現實的靈性和物質層面。在這裡，「小孩子」象徵人類，強調我們擁有想像力和富有創造性的顯化力這些神性天賦，就像小孩子無拘無束的想像一樣。

小時候，想像力是通往冒險和可能性的大門。我們可以扮演任何角色，探索遠遠超越這個物理世界極限的地方。我在紐約市的一個加勒比海人家庭裡長大，喜歡做白日夢。我做白日夢和玩耍的方式，有寫故事、饒舌、玩娃娃、花式跳繩、溜冰和繪畫……這還只是一小部分而已喔！

我的想像力，以及它幫助我在鮮黃色臥室牆壁上創作出來的願景板，幫助我逃離生活中的戲劇性事件。想像力讓我創造了自己的世界，在那裡我可以探索自己的想法和感受，體驗童年的美麗與醜陋。

在我的想像中，我可以創造任何東西，成爲任何人。現在身爲成年人，我意識到想像力是塑造現實的力量。它不只是小孩子的遊戲，也不是古怪藝術家的領域（以身爲一名古怪藝術家的身分來說），而這卻是社會試圖讓我們相信的。想像力是每個人都擁有的能力，而它會影響你的生活。

想像力，就是神的力量

我們都經歷過，想像如何讓你對尚未發生的事件，感到焦慮、擔心或興奮。你可能在腦海中想像出最壞的情況，並且感受到它對身體帶來的影響：心跳加速、緊張或手心出汗。另一方面，在視覺化或是想像正面的結果時，你很可能會感到放鬆、自信或快樂。這就是你的想像在發揮作用。

現在想像一下，利用這種力量，來有意地塑造你的生活。所有發明或人類所創造的東西，都始於某人的想像。讓我再說得更具體一點吧。

如果我告訴你，你的想像力，就是神的力量呢？

這就是阿布杜拉和他的高徒內維爾的教誨的精髓。

內維爾教導我們，我們的信念和感受，是由我們的想像所形塑，並反映在外在環境中。如果你改變自己的內在世界，你的外在現實也會跟著改變。他強調，我們是自身現實的創造者，只要運用想像力並感受願望的實現，就能吸引並顯化我們的渴望。

阿布杜拉向內維爾介紹了利用想像力進行改變的深奧形上學力量。

你就在巴貝多

在繼續說下去之前，讓我們先回顧一下過去。

一九三三年，在大蕭條的凜冽寒風席捲美國時，我深愛的紐約市成為一個充滿了掙扎的地方。大蕭條是一場從一九二九年開始，持續到一九三九年的全球經濟危機。施食處、領取麵包的隊伍、失業、痛苦與絕望交織在一起。工作機會極為稀缺，曾經繁榮的紐約精神，成為了遙遠的記憶。

阿布杜拉住在西七十二街一棟美麗的住宅裡，該住宅以前屬於美國財政部長的父親。在希望渺茫的時候，阿布杜拉展現出韌性。

內維爾是著名的舞者，他發現在自己身處的城市裡，百老匯演出不再是人們能夠負擔的奢侈品。但在黑暗之中，他發現了一線希望，他打掃了阿布杜拉的家，並藉此換取了成爲形上學學徒的機會。

內維爾的家人從巴貝多前來探望他。他們一離開，十月的寒意隨之襲來，此時的內維爾想家了。他已經十二年沒有回巴貝多了。他向阿布杜拉坦言，他渴望在老家與家人一起度過聖誕節。唯一的問題是什麼？他徹底破產了。

阿布杜拉堅定的回應，讓內維爾嚇了一跳：「你人就在巴貝多。」

內維爾說：「我人在巴貝多？」

他說：「對。你現在就在巴貝多。所以呢……你看到巴貝多，你從巴貝多看到美國，你可以嗅到巴貝多島的熱帶土地氣味，你只看得到巴貝多那邊的小房子，你就做了這些事。今晚，你就睡在巴貝多吧。」

這就是想像的力量。

「如果你想去的話，內維爾，你已經到了。」阿布杜拉堅持。

「我已經到了？阿布杜拉，你說這話是什麼意思？」

「你是眞的想去嗎？」他問。

「對。」內維爾回答。

阿布杜拉用神奇的顯化公式回答他：「走進這扇門之後，你現在不是走在七十二街上，而是走在棕櫚樹和椰子樹成蔭的街道上。這裡是巴貝多。不要問我你要怎麼去。你人就在巴貝多。如果你人『就在那裡』，就不會問『怎麼去』。你就在那裡。現在走幾步路吧，彷彿你人就在那裡一樣。」

阿布杜拉指示內維爾，要像他人已經在那裡一樣地過生活，想像熱帶的氣味，享受島上家園的魅力，在母親的房子裡看到自己。

內維爾說：「嗯，我覺得他瘋了，眞的……我的意思是，在當時，這一切感覺很……愚蠢。」

儘管阿布杜拉的建議讓內維爾完全摸不著頭腦，他還是照做了。他沉浸在想像中，尤其是每天晚上入睡前。他看到自己走過老家，感受加勒比海的微風，聽到海浪的聲音，沐浴在親友的歡樂之中。

幾週過去了，現實仍然沒有趕上內維爾的想像。他試圖與阿布杜拉討論，自己因爲結果並未實現而沮喪。但阿布杜拉堅持自己的信念，當著他的面重重關上了門，表示沒有必要再去討論**已經**發生的旅行。雖然內維爾辦不到，但阿布杜拉代替了他，深信此事已然發生。

十二月到了，儘管內維爾努力去想像，但他仍然還待在紐約，他的信念動搖了。但阿布杜拉仍然立場堅定，充滿信心地認為，一**旦你完全相信某件事將會發生，「如何發生」就變得無關緊要**。在他眼裡，內維爾已經在巴貝多了。

然後，奇蹟般地，一封信寄到了。內維爾的哥哥邀請他回巴貝多過聖誕節，還寄了一張船票給他。雖然他哥哥只負擔得起三等艙，內維爾仍然欣喜若狂。他急忙去告訴阿布杜拉，預期他會感到驚訝。但阿布杜拉只是說：「是誰告訴你，說你會去巴貝多島的？是誰告訴你，說你去巴貝多只能搭三等艙？你去了巴貝多，而且是搭頭等艙去的。」

阿布杜拉已經用**過去式**在談論這趟旅行了。很快，內維爾就如他所想像的那樣，前往了巴貝多。由於在上船前的最後一刻，有人不知怎麼地取消了船位，所以他得以搭乘頭等艙，並在家中度過了幸福的三個月。

當然，阿布杜拉並不感到驚訝。

與你的渴望合二為一

現在，輪到你了。完全沉浸在夢想已然實現的感覺之中。培養這種感覺，並好好地保護它，直到它成爲你的物理現實。

這跟你要如何實現它無關。**魔法的關鍵在於，你要活得好似自己的夢想已然實現。一旦種下夢想的種子之後，你就不要干擾它，讓它自然成長。**

內維爾的巴貝多之旅，是個強而有力的例子，說明神性的想像如何改變你的生活。我已經運用同樣的公式，來顯化那些「不可能發生」的事情。阿布杜拉對內維爾的夢想所抱持的堅定信念顯示，想像不僅僅只是去想像最終目標，而是關乎生活在你想要的現實裡的每一個細節之中，直到它成爲你的一部分。你成爲了一個不一樣的人。內維爾成爲了搭乘頭等艙去跟家人團聚的人，之後這一切就在現實中發生了。擁抱這種力量需要堅定不移的信念，以及與自己的渴望合二爲一。

發掘你的神性想像力，這就是創造你的渴望的力量。生活可能會帶來挑戰，但你可以克服任何障礙。你的目標正在推動你實現自己的生命意義。

在夢想似乎遙不可及時，請提醒自己，阿布杜拉堅定不移的信念，以及神性想像力的力量。無論是夢寐以求的家園、一段戀情，還是一趟能夠讓你跟自己的靈性建立起更深連結的假期，如果你能看到它、感覺到它、想像到它，並相信它的存在，你就已經身在該處了。

第二部

生命法則

我之前就用耳朵聽到過了，而現在，我用雙眼看見了。

——阿布杜拉

我親愛而尊貴的探求者，

我為你帶來「生命法則」這個古老的智慧，它能揭示你內在的改變力量。這個法則很簡單，但需要堅定不移、牢不可破的信念。你的想像是顯化渴望的門戶，只要假設自己的渴望獲得了滿足的感覺，你就可以創造自己的現實。

堅守你的信念和假設，然後看著周圍的世界映照出你的想像的美麗和輝煌。

生命法則，是你與生俱來的權利。

致以最深切的敬意和祝福

——你的老師

在顯化的世界裡，聽到「法則」這個字眼時，大多數人都會直接跳到「吸引力法則」，但顯化的意義遠遠不只如此，有一整個宇宙的靈性法則。

我們一直在探討阿布杜拉的學生內維爾的教導，但約瑟夫．墨菲博士呢？他教的是「信念法則」。儘管內維爾和墨菲使用了不同的法則名稱，但歸結起來，他們的教導都是相同的基本觀念：我們的信念和假設創造了我們的生活。

你可以這樣想：內維爾的假設法則，就是假設你夢寐以求的生活已然存在於此時此刻。透過想法、感覺和行為，就彷彿你的渴望已經成為了現實一樣，你正在向你的「我是」意識發出強烈的訊息。你在說：「我已經準備好了！」

墨菲博士的信念法則，就像強大的創造引擎。一旦你能堅信自己的夢想，你就正在將它們變成現實。你的信念就像一股創造力，將你想要的一切都化為現實。

兩者相加，為了代表阿布杜拉的主要教誨，我將它們統稱為「生命法則」或「法則」。

在第二部中，我們將探討法則的核心。這不僅僅只是一些抽象的概念，而是一種活生生的真實力量，存在於每一刻。一旦遵循了法則，我們就會發掘出自己的力量，讓我們的世界變成自己渴望的模樣，不再只是隨隨便便地過活。現在的你，正帶著生命意義與愛，有意識地創造自己的現實。

那麼，就讓我們一起來深入了解，並探索一下法則吧！

吸引力法則

吸引力法則告訴我們，我們的夢想會吸引相應的經驗，進入我們的生活。因此，想當然耳，我們這些信徒就開始忙著製作願景板，透過視覺去呈現渴望，並試圖以高頻及「正面思考」來顯化我們想望的東西。

吸引力法則對許多人來說有效，但對其他許多人來說，卻缺少了一個環節。因此，讓我們回到原始素材吧。《祕密》的作者朗達·拜恩直接受內維爾的影響，而內維爾則師從阿布杜拉。

許多人對願景板、肯定句、正向思考的失敗嘗試，感到十分挫折。「毒性正能量」和「靈性逃避」的指控，讓人們感到幻滅。如果沒有辦法維持高頻狀態，他們就會大喊：「停！停！」我一次又一次聽到：「雅碧歐拉，吸引力法則對我沒有用。」人們想知道，明明他們這麼努力去跟自己的渴望合二爲一，爲什麼那些夢想卻沒有實現。心懷不滿和沮喪難平的人認爲，這整件事就是胡說八道。

這中間，缺少了什麼呢？且聽我道來。

生命法則

首先，宇宙法則其實有很多，吸引力法則只是其中之一而已。

身爲阿布杜拉的學生，我想向你介紹一個強大、統一的概念，它將成爲一顆指導你的明星：生命法則，或簡稱爲法則。無論你怎麼稱呼它，這個強而有力的宇宙法則，是你顯化之旅的關鍵。生命法則結合了兩個經得起時間考驗的原則——「假設法則」和「信念法則」的智慧，成爲一個動態的法則，掌握著顯化你的夢想生活的關鍵。雖然假設法則和信念法則本身都很強大，但在本質上兩者是相互交織的，能夠共同塑造我們的現實。信念法則可以奠定基礎，而假設法則可以推動我們展開行動。

生命法則建立在兩大不可或缺的支柱上：

相信它：第一步，是要深深地相信你的夢想。這些夢想不僅僅只是轉瞬即逝的想法，或異想天開的願望。這些夢想是你最深切的渴望，是與你的心靈和靈魂產生共鳴的願望。你的信念，是你現實的基石，是你渴望的沃土。

假設它：基於你的信念，開始假設你的渴望已然成爲現實。就彷彿你的夢想已經實現了那樣，去生活、行動和做出決定吧。這不僅僅只是假裝或否認現階段的處境，這是關乎將你的行動與信念結合，讓兩者齊心協力，推動你實現自己的夢想。

這是同一枚硬幣的兩面，兩者在顯化過程中都不可或缺。將這兩個支柱結合起來，生命法則就會成爲你個人的共同創造工具。

生命法則，是我們在繞了一大圈之後，再次回歸到偉大的靈性導師阿布杜拉的教誨的方式。我們將阿布杜拉的教誨視爲一個統一的概念，從而擁抱它的完整性。然而我必須指出，儘管我們將這些原則結合起來，但這兩個法則仍然各自存在，並且具有各別的重要性。如果你在「假設法則」或「信念法則」的語言中找到了慰藉和共鳴，請繼續使用這些術語，它們本身仍然是有效且強大的概念。

阿布杜拉的教誨不僅僅是言語，他鼓勵他的學生和我們發揮自己的力量，相信自身渴望的可能性，並過著彷彿這些渴望已然存在般的生活。

生命法則是開啓充滿無限可能世界的鑰匙。相信它的力量，遵循它的原則，並準備好體驗超越你期望的生活吧。

吸引力法則欠缺的一環

吸引力法則教你視覺化自己的夢想，並保持積極的心態，就像磁鐵一樣，以你的方式去吸引美好的事物。這麼做雖然很有幫助，但只是一個起點。生命法則又更進一步，它堅持要你深深相信，並假設你的夢想已然成爲現實。你所做出的行爲、感受和決定，就彷彿自己的渴望已經顯化了。這就是內維爾所說的「假設願望已然實現的感覺」。

許多發現吸引力法則有所欠缺的人，往往會錯過這個重要的內在轉變。他們只專注於吸引外在渴望，而忽略了內在的需要，也就是假設這些渴望已經得到滿足的心理狀態。這個假設至關重要，因爲它能讓你的能量頻率跟你的夢想保持一致，表示你已經擁有了想要的東西。

關鍵在於：透過擁抱生命法則，你可以積極參與塑造自己渴望的現實。這種方法將使你讓自己的想法、情緒和行動，與你已經實現自身夢想的狀態結合。透過這麼做，你不只會吸引到相關的經驗，你正在有意識地**創造**自己的顯化。

所以，如果你已經嘗試過吸引力法則，但沒有成功，請不要失去希望！這個觀點的改變，可以幫助你以從未想過的方式實現夢想。

生命總是站在你那一邊。

信念的力量

墨菲博士的哲學，圍繞著我們潛意識中隱藏的潛能。他教導信念法則，以此作爲釋放未開發潛能的方法。他是這麼說的：「你帶著感覺、信念和信心所相信的，就會在你的生活中顯化出來。」

信念創造命運，越了解這一點，你的顯化能力就越強。

擁抱「有意識的創造者」這個角色，使我們能夠掌控自己的信念，從而掌控我們的現實。我們每天都會遇到各式各樣的狀況，我們的信念賦予它們意義和重要性。一旦我們能對自己、他人和世界抱持正面的信念，我們的體驗往往會變得更令人振奮和充實。消極、受阻、受限的信念會遮蔽你的視野，阻止你意識到許多機會和可能性。

你的信念決定你的人生故事，覺察驅使你的想法和行動的信念，會改變你告訴自己的生命敘事。

信念、想法和情緒

信念、想法和情緒，不間斷地相互影響。你的信念會形塑你的想法，你的想法會影響你的情緒。

如果你對自己和自身的潛力抱持著正面的信念，你的想法自然會集中在機會和成就上，從而產生快樂、希望和愛等情緒。受到阻礙的信念，會增加你思想中的懷疑和恐懼，然後顯化爲焦慮和絕望等不良情緒。這可能會形成惡性循環，進一步又強化了受阻的信念。

你有能力打破這個循環，方法就是透過有意識地選擇正面的想法和培養良好的感覺。這會重塑和改善你的信念，從而產生連鎖反應，改變你的現實。

信念就像濾鏡，會影響我們對世界的看法。它們會賦予我們的經驗意義，並在我們如何詮釋各種事件上，扮演重要的角色。如果你相信自己的能力，並認爲世界充滿機遇，那麼在面臨挑戰時，你仍會感到充滿希望；如果你有受到阻礙的信念，即使面對正面的發展，可能也會感到焦慮和不確定。

令人興奮的是，你可以藉由覺察這些信念，並有意識地選擇以不同的方式來看待這個世界，來改變這些信念。專注於能賦予你力量的想法，來培養更正面的觀點，開啓一個充滿嶄新可能性的世界。

儘管看似如此，但我們的信念從來都不是固定不變，而是靈活且可塑的。沒錯，有些信念比其他信念更難改變，但信念是可以改變的。我們有能力去選擇和修改信念，讓它們符合我們的渴望和目標。

越是思考某些特定的想法，或越是經歷某些特定的情況，它們之間的神經通路就會變得越強健，使信念更難改變。不斷重複，有助於鞏固信念。透過謹慎選擇我們的想法，並使用肯定句和視覺化等工具，就可以創造出支持我們成長和幸福的嶄新神經網路。

本書的練習以及催眠、意念、視覺化等工具，可以幫助你重組大腦、重塑信念，將你的想法和情緒，與你的渴望相結合，你就可以顯化出自己想要的現實。

受阻的信念

如果你發現自己猶豫不決、自我破壞，或感覺自己的行爲與意念不符，你就是在面對成功障礙或受到阻礙的信念。

受到阻礙的信念，又稱爲限制性信念、受阻的思考模式、負面假設、潛意識障礙、心理障礙、自我挫敗的想法，或是破壞性心態。

以下是一些聽起來很熟悉的常見受阻信念：

- **我不夠好**。這種信念會讓你相信，自己不值得快樂、成功或愛，導致自尊出現問題。
- **我還沒準備好**。這種信念會讓你相信，唯有優先滿足某些條件，例如減重、賺更多錢，或找到理想的感情關係，你才會夠好。它將你的自我價值綑綁在外在的境況上。
- **太遲了**。這個信念會讓你相信，自己已經錯過了機會，進而阻礙你去冒險和探索新的機會。
- **我就是沒那個運氣**。無論是錯過機會，還是在任何情況下都期待最壞的結果，這種信念都會強化受害者敘事，也就是你無法控制自己的處境。

受到阻礙的信念造成的影響，遠遠超出了想法。它們會滲透進生活的每個層面，影響我們的行爲、決定和人際關係。就像自我實現的預言一樣，這些信念成爲我們用來看世界的濾鏡，改變了我們的看法。

要擺脫受到阻礙的信念，必須從覺察和自我疼惜開始。花點時間思考自己的想法，找出反覆出現的消極或自我懷疑的模式。你要意識到，有限制性信念是很正常的；在一定程度上，我們每個人都有這樣的信念。關鍵在於，要不加批判地認可它們的存在。

一旦找出了這些信念，就要挑戰它們。問問自己，這些信念是基於具體的證據，還是對你來說不再適用的敘事。弄清楚與這些信念相關的想法和情感，它們並不能定義你的價值或潛力。

支持型的賦權信念

受阻信念的另一面，是賦權信念。賦權信念能提升你的精神狀態、啓發你的想像力，並激發你的熱情。賦權信念會爲你加油打氣，並提醒你，你有能力、值得、注定會取得偉大的成就。擁抱這些信念，你就能鼓起勇氣走出舒適圈，實現夢想。

以下是幾個賦權信念的例子：

- **我值得成功和豐盛**。提醒自己，你值得擁有生活所提供的一切美好。擁抱身旁的豐盛吧，要知道成功是你與生俱來的權利。
- **每一個挑戰都是成長的機會**。轉變你的視角，將挑戰視爲墊腳石。擁抱它們所提供的教訓，並將挫折轉化爲學習經驗。

- **我有做出正確抉擇的智慧**。相信你內在的智慧，相信你有能力做出符合自己最高利益的決定。擁抱你的直覺。
- **我有能力實現自己的目標**。擁抱你的內在力量，並相信自己的能力。你有能力把夢想變成現實。

如果你對自己的價值和潛力有堅定不移的信心，那會是什麼感覺？想像一下，你相信生命是站在你這一邊的，它會精心調整環境，來支持你的夢想。想像自己擁抱這樣的信念：你注定豐盛和成功，讓榮景進入生命裡的每一個部分。

信念不是被動的，它們會大大地影響我們的思想和行動。作爲有意識的共同創造者，我們要選擇那些能夠塑造我們世界的信念。一旦我們相信自己的夢想，並擁抱賦權信念時，我們的假設自然會符合我們的願景。

透過你的信念，你就是你生命傑作的有意識創造者。魔法就在你的心中！

練習：透過信念轉換，提升你的思想

目的

幫助你深入挖掘潛意識，以正向、賦權的信念，取代受阻的信念。

做法

❶**確定重點領域**。決定你想要專注在生活中的哪些領域。關鍵領域可能包括：健康、戀愛、家庭、職業、財務和個人成長。將每個區域作為標題，寫在札記的新頁面上。

❷**列出你的信念**。在每個標題下，列出你目前對該特定領域的所有信念。盡可能真實徹底，寫下想到的一切，即便看起來無關緊要。舉例來說，在「職業」下方，你可能會列出諸如「我必須努力工作才能成功」或「我不善於與人相處」之類的信念。

❸**檢視你的信念**。列出清單之後，檢視每一個信念，然後問自己：「這個信念是為我服務的（賦權信念），還是阻礙我的（受阻信念）？」如果這個信念有助於你的成長和快樂，它就是為你服務的；如果這個信念會造成恐懼或懷疑，它就

會限制你。

❹ **挑戰受阻的信念。**現在，專注於阻礙你的信念，針對每一個信念，問自己：「為什麼我有這個信念？是基於我自己的經驗，還是來自其他地方？是否有證據能夠否定這個信念？」在調查每個信念的過程中，要保持好奇心和開放的心態。

❺ **取代受阻的信念。**針對每一個限制性信念，想出一個正面、賦權的信念來取代。把新信念寫在舊信念的旁邊。例如，如果你的受阻信念是「我不擅長說話」，你可以替換為「我有很多話要說，而且可以透過練習讓自己更會說話」。

❻ **肯定你的新信念。**每天強化你的新信念。每天早上大聲說出來、把它們寫在便利貼上，然後放在整天都能看到的地方。將它們融入你的日常靜心冥想或視覺化練習中，目標是將這些新信念灌輸到潛意識中，並取代舊信念。

假設的力量

如果你想去的話，你已經到了。你就在那裡。現在走幾步路吧，彷彿你人就在那裡一樣。

——阿布杜拉

我們已經用信念法則轉換了主要的能量，讓我們深入了解生命法則的另一個關鍵：**假設法則**。

假設法則讓我們**假設自己的渴望已然實現**，它要求我們體現一種感覺和信念，那就是：我們所追求的事物，已經是我們現實的一部分；**我們不再渴求未來的某樣東西，而是進入現在已經得到的能量狀態**，那麼，它一定會來到你的身旁。這就是法則。

想像一下：你想要顯化夢寐以求的工作，與其糾結沒有得到，不妨假設你已經擁有夢想的工作，以及隨之而來的成功、豐盛和滿足感。你無論走路、說話、做事，都彷彿它已經是你的了。這種假設的轉變，會改變你的能量振動，讓你跟自己的渴望頻率一致。

以下是我的女性顯化社群中，假設法則的幾個實際應用範例：

- **勇氣提升：**莉賽特不是很有自信，因此，她假設自己是有安全感的人，以自信的姿態自處。針對擱置許久的事情，她做出了一些大膽的決定。對於能夠信任自己，她感到很興奮。這聽起來很簡單，直到每個人都開始問她到底做了什麼之前，她甚至都沒注意到自己增加了多少的自信心。

- **工作升遷：**瑪麗亞悄悄地希望能夠升遷。她不再等待和盼望，而是具體表現出新職位所需的想法（心態）和行爲。她對已經擁有這個角色感到滿足，並開始受到該職位所應獲得的尊重。就這樣，七週後，她夢寐以求的升遷機會就實現了。她最後沒有接受這次的升遷，因爲一份更好的工作似乎憑空出現了。

- **尋找愛情：**阿雅娜想要一個充滿愛心、忠誠的伴侶。作爲一次實驗，她釋放掉了絕望，開始過著猶如自己已經處於一段美好而充實的關係中的生活。她重新布置自己的家，讓將要到來的愛人能住得舒適。她的舉止和打扮都像熱戀中的人，感受到愛情帶來的安全感和幸福感。她注意到，無論是自己認識、還是完全陌生的人，對她的反應都發生了變化。在四個月多一點的時間後，她吸引到了自己正在體現的戀愛關係。

- **財富顯化：**莎拉夢想能實現經濟獨立，開始過著彷彿已經很富有的生活，感受到豐盛帶來的自由和安全感。莎拉以富人的方式做出決定、給予和接受，開始創造和吸引新的機遇，逐漸實現經濟獨立。
- **成功的事業：**妮可推出了一門新的靈性業務，決定過著彷彿生意已經蒸蒸日上的生活。她以成功企業家的信心，設定了收費標準。透過忠實顧客的支持，她推出的下一門課程，使她的事業規模翻了一倍。
- **克服恐懼：**安珀害怕飛行，但夢想著旅行。她想像去熱帶地方旅行的刺激和自由，加入了一個有趣迷人的旅遊俱樂部。她的恐懼減少了，還「沒來由地」得到了一筆錢，然後參加了我最近的一次國際靜修營。

在這些情況中，對她們來說最重要的是，全心全意假設她們想要的狀態——去感受它、活出它，並且知道它就是她們當前的現實。她們之中的大多數人，都使用了本書「額外章節」提到的「額外程序」，來補充她們的假設；但是其中一些人，單憑假設就能繼續向前邁進。

發掘假設法則力量的指南

那麼，你該如何利用假設法則，來顯化自己的渴望和抱負呢？

- **確認並定義自己的渴望**。正如我們在第一部「顯化的基礎」中討論的，你必須先知道自己的渴望是什麼，然後才能假設渴望已經實現的感覺。花時間去界定你的渴望，讓它清楚、簡潔、有說服力。你想要的是什麼？專注於最終結果，而不是如何達成，將「如何」留給上天來處理。
- **擁抱願望實現的感覺**。假設法則不是要讓你的渴望理智化，它是關乎體現你的願望實現後的情感和身體狀態。你所擁有的感受及生活，就彷彿自己的渴望已然成眞那樣。如果你的渴望已經顯化，你會有什麼感覺？你會感覺到哪些情緒？喜悅、寬心、自由、平靜、安全感、性感、感恩、飄飄然、愛、興奮或滿足？現在就培養這些感覺吧。
- **將你的假設融入日常生活**。一旦確定了願望實現後會感受到的相關情緒，就開始將這些情緒融入你的日常生活之中。過著跟平常一樣的生活時，不斷地回想這些情緒。你所過的生活，就好似你所渴望的狀態，就是你當下的現實。在這個狀態下，做出各種決定，問問自己：「身爲已經實現了這個目標的人，我會如何行動？會做出什麼選擇？」透過從你渴望的狀態採取行動，你強化了自己的假設，並發出信號表示，這就是你的現實。

- **練習堅持和持續**。持續去做，是應用假設法則的關鍵。堅持你的假設，並回到你渴望的狀態，直到它成爲你意識當中自然而然的一部分。
- **面對矛盾的信念**。有時候，我們根深柢固的信念，會與我們意識到的渴望相互矛盾。這些信念會阻礙你的顯化。如果在嘗試體現想要的狀態時，你注意到抗拒或懷疑悄悄出現，請找出這些受阻的信念，並努力轉化。你可以使用肯定句、靜心冥想、心理治療或寫札記等技巧，來發現和重塑這些信念。等到你的潛意識跟你意識到的渴望合二爲一時，法則就能更有效地發揮作用。
- **臣服於結果**。臣服是有意識的顯化不可或缺的一環。沒錯，積極地假設自己的目標已然實現很重要，但放手並讓上天來安排細節，也同樣重要。你的角色是透過自己的假設，提供情感藍圖。信任這個過程，並允許任何事情發生。
- **表達感激**。對你的渴望表達感激，就好像它已經顯化了一樣，會增強假設的能量。它會向神性意識發出明確的信號，表示你意識到並感激渴望的實現。讓感恩成爲你日常實踐的一部分。

- **不斷成長與進化**。練習和應用得越多，你就越能有意識地創造現實。

為什麼生命法則會無效？

生命法則（假設法則加上信念法則）總是有效的，但有些時候，我們會不自覺地阻礙自己發揮全部的潛能。

以下是你可能會出錯的地方：

- **你並不眞正相信自己的目標**。你要做的不僅僅是期望或白日夢，而是過著有如夢想已經成眞的生活。如果你不確定，可能就會減慢顯化的速度。相信並採取行動，就好像你的目標正在實現一樣。
- **你沒有堅持下去**。生命法則需要練習。如果你某一天活在夢想中，但第二天就忘記了，你的潛意識可能不會收到訊息。不斷持續堅持下去。
- **你有相互矛盾的信念**。如果你更深層的信念，與你有意識的目標並不一致，也可能會減慢顯化的速度。例如，你可能想變得富有，卻又偷偷地認爲金錢不是什麼好東西。這些隱藏的信念會阻礙顯化的進展。

• **你沒有去感覺**。顯化不只是正向思考，而是實實在在地去感受到與夢想相關的情感，例如幸福和興奮。顯化也意味著，處理和轉化可能會出現的任何負面情緒，例如對成功的恐懼。全方位地擁抱各種情緒，來強化自己的顯化力量。

• **你缺乏耐心或充滿懷疑**。生命法則需要時間和信任。有時候，我們會因爲過於急切或不信任這個過程，而把事情搞砸。放下急切的心情，相信你的夢想會在該實現的時候實現。

• **你把事情搞得太複雜了**。有時候，我們會認爲法則必定很困難。但這件事情，並不是說一定要做一堆程序。這些程序只是爲了要支持法則。決定好自己想要什麼，相信它是眞實的，感受它，並把它融入每一天的生活中。保持簡單。

• **你太努力了**。有時爲了讓法則發揮作用，我們施加了太多壓力。如果這件事讓你感到有壓力，請放鬆心情，並相信整個過程。讓你的渴望自然而然地流向你。

• **你的言語或想法很消極**。法則會回應我們最常想到和說出的話。說話時，要彷彿你的夢想已然成眞。如果你發現自己有負面的想法，請慢慢轉向正面的想法。

這些只是絆腳石，不是死胡同。生命法則永遠有效，關鍵在於如何使用。透過了解這些陷阱，你可以利用生命法則有意識地創造你想要並應得的生活。

✷「生命法則」反思自問

- 哪些信念或假設一直在阻礙我？我可以如何改變它們，以對應我渴望的生活？
- 我該如何去理解自己的直覺、聆聽內在的指引，並採取符合生命法則的行動？
- 我該如何體現與夢想和渴望相關的感受及情緒？又有哪些做法可以幫助我保持與生命法則對應的情感？
- 回想你生命中的某個時刻，當時你確實想要某樣東西，但看不到任何證據顯示這是可能的。如果你完全接受生命法則，你的感受和行為會有什麼不同？
- 將你最深切的渴望視為已經實現，寫下實現這個夢想之後某一天的詳細描述。注意自己的情緒、想法和行動。

第三部

阿布杜拉的
十三個顯化羊皮卷

你好，尊貴的讀者，

你現在擁有一座古老的顯化原則寶庫，這些原則是我從多年的探究、內省和研究中提煉出來的。在你沉浸於這十三個顯化的羊皮卷時，你就踏上了自我發現和個人蛻變的旅程。

每個羊皮卷都在向你發出邀請，讓你獲得潛在的力量。將發掘出使你的意念與最熱切的渴望結合起來的關鍵，從而創造出充滿愛、豐盛、歡樂和幸福的生活。讓自己沉浸在每一個羊皮卷之中，喚醒你對創造性想像的堅定信念。

你眼前的世界，是由你來塑造的，你就是為自己的存在製造一連串事件的工匠。

請以開放的心胸和樂意的態度，來接受這些教導。

親愛的讀者，歡迎你來到這個世界。在這裡，神性存在無條件地愛著你，而你是自己生命的主宰。

假設你的角色是深思熟慮的建築師，而你要打造的，就是自己的存在。

——你的老師

在接下來的頁面中，你將會發現阿布杜拉的十三個顯化羊皮卷，裡面包含了神性法則、奧祕、指令、肯定句和可行的建議。

每個羊皮卷，都包含了對有意識創造力量的獨特見解。這些羊皮卷是路線圖，引導你走向有意識顯化的生活，讓你的夢想都能成真。

阿布杜拉的羊皮卷，是他畢生工作的見證。他留給後人的東西，啟發了數百萬人喚醒他們的力量，並創造出真正想要的生活。

只要持續練習這些原則，你就會開始注意到現實中的微妙變化，你的願望會開始實現，你的生活也會對應你的最大願望。

讓這些羊皮卷提醒你，你是自身命運的創造者，你擁有形塑自己生命的力量。

自我概念的奧祕

你必須從自我開始。尋找自我，永遠不要為自己的存在感到羞愧。發現自我，並開始改變自我。

——阿布杜拉

讓我們再次踏上旅程，回到一九二九年到一九三九年間。在當時，偏見和種族主義是合法的，且毫不隱諱。三K黨以私刑、縱火和恐嚇等手段，在被稱爲「血腥的二〇年代」的死灰復燃中，降下了恐怖和恐懼，甚至還舉辦了遊行，地點是從紐澤西州到華盛頓特區的北部地區。哈林區的居民面臨住房歧視、過度擁擠和房東剝削。環球黑人改善協會（Universal Negro Improvement Association）的創辦人馬可仕·賈威（Marcus Garvey）因倡導黑人賦權，於一九二七年被驅逐回牙買加。

飯店、餐廳和游泳池等公共場所，不是明確禁止黑人進入，就是明確表示不歡迎我們。就像後來那樣，北方和南方的黑人居民經常遭受不合理的逮捕、毆打，以及執法部門其他形式的虐待。黑人工作者會受到降級對待，只能從事收入最低的卑微工作，前提還是他們能有辦法找到工作。

一九二〇年代，歌手約瑟芬．貝克（Josephine Baker）爲了逃避美國的種族歧視和隔離，移居巴黎。不久後的一九三八年，比莉．哈樂黛（Billie Holiday）將會打破隔閡，成爲第一批與白人管弦樂團合作的黑人女歌手之一，但將被禁止與樂團一起吃飯或同住一家飯店。瑪麗安．安德森（Marian Anderson）是一位女低音歌手，在一九三〇年代贏得國際讚譽，但直到一九五五年才成爲第一位在紐約大都會歌劇院演出的黑人。

在這段期間，有色人種不敢去黑人社區之外的任何售票亭，要求前區的座位。就算買得到票，也只允許坐在樓座區。規定就是這樣。

但阿布杜拉並沒有遵守這些規則。

阿布杜拉並沒有就這麼接受「事情就是這樣」，他不允許白人朋友爲他買票。阿布杜拉是個歌劇迷，他會走向售票亭，全然不顧當時的危險和偏見，用堅定的聲音命令道：「我要兩個在中間的位子。不要太後面。不能超過第六排。要在正中央。」

對方是怎麼回答他的呢？「遵命，先生。」他可以毫不猶豫地獲得兩張他想要的任何演出門票。

內維爾第一次接觸歌劇，是拜阿布杜拉所賜。

「你去紐約過耶穌受難日。」阿布杜拉說。於是他們一起去看了華格納的史詩巨作《帕西法爾》。

阿布杜拉選擇在耶穌受難日觀賞《帕西法爾》，是一個多層次的訊息。在歌劇中，帕西法爾踏上了尋找聖杯的旅程，而聖杯象徵的是靈性的覺醒和渴望的實現。耶穌受難日是基督教傳統中，與耶穌基督的受難及復活有關的日子。阿布杜拉在此要傳達的訊息是：擁抱你的內在旅程和重生的能力、轉換你的意識，並體現成功顯化和靈性成長所需的特質。

阿布杜拉大膽地走到售票亭，並要求在一樓前方的頭等座位區獲得他應得的位置，這種舉動是革命性的。他是個深色皮膚的黑人，而且出生在外國，在那個時代，像他這樣的人得不到應有的尊重和尊嚴。然而，他就在那兒，以購買歌劇票這一簡單的行爲，挑戰了現狀。

阿布杜拉那理所當然的態度，根植於他的「自我概念」，你也可以稱之爲他的「自我認同」。阿布杜拉堅信自己的自我價值，沒有被社會規範和偏見所動搖。他理解自己作爲人的價值，不是由他的種族所決定，而是由他的內在價值所決定。阿布杜拉堅如磐石的自我概念，使他能夠駕馭傳統上對像他這樣的人並不開放的空間，並藉此參與了他感興趣的體驗。

阿布杜拉堅信自己的價值，讓他在別人可能感到不安全或害怕種族歧視的情況下，仍能自信地行事，並獲得尊重。對我來說，阿布杜拉購買這些門票，不僅僅是為了參加文化活動，更宣示了他的個人力量，也是出乎意料的強烈聲明。他自信的力量，為他個人的賦權鋪了路，並成為鼓舞他人的燈塔，包括內維爾和我。

為了了解阿布杜拉自我概念的力量，我記得自己在中學時從歌劇院出發，沿著東八十六街步行走了十分鐘。我感覺自己的黑色皮膚既高度可見又不可見，覺得走進商店、餐廳，甚至只是待在某個地方，都沒有安全感。那是八〇年代後期，顯然是美國民權運動之後，但我已經受到環境的制約和社會化，質疑自己的權益和價值，即使在孩提時期也是如此。在共享乘車平臺 Uber 和 Lyft 出現之前，我總是讓白人朋友在紐約幫我叫計程車。因此，阿布杜拉拒絕以安全為由讓白人朋友協助購票，這個行為對我來說非常強而有力。

什麼是自我概念？

改變對自己的看法，就會改變你所處的世界。不要試圖改變他人，他們只是告訴

你「你是誰」的信使。重新評估自己的價值，他們會肯定你的改變。

——內維爾

你的自我概念，就是你的自我形象，也就是你如何看待這個世界，以及你在這個世界中如何看待自己——也可以視之爲你的自我認同。你的自我概念，是由你所抱持的、能夠引導你邁向各種經驗與可能性的內在敘事或內在地圖所組成。這種自我認同，包括根深柢固的信念和假設，會影響我們如何看待這個世界，以及我們所認定的可能性。

你的自我概念是一則故事，你用它來告訴自己，你是什麼樣的人，包括你的人格特質、能力、價值觀、在世界中的角色，甚至是你認爲自己有權獲得多少豐盛和快樂。

每當你使用諸如「像我／我們這樣的人」「我總是或從不」「我就是這樣」或「這樣的事情總是發生在我身上」之類的句子，你就在揭露你的自我概念。

舉例來說，我的母親和阿姨經常說：「像我們這樣的窮人……」有一天，我問媽媽這件事，她甚至沒意識到自己這麼做。她繼承了世世代代以來的說法，和這種自我概念的經驗。

你的內在敘述可以賦予你力量，也可以限制你。如果你的內在電影是一部充滿自我懷疑、恐懼或消極的戲劇，你所做的每一件事都會帶著這種能量，而這就是你將要顯化出來的經歷。如果你的內在電影充滿了積極、自信、豐盛和快樂，這就是你將創造的生活！

最強而有力的部分來了：你就是這部電影的導演。如果你不喜歡這部電影，就修改劇本、重新塑造角色、改變故事情節。如果你一直在扮演認爲自己沒有價值或沒有能力的角色（就像以前的我一樣，扮演了好久好久），那就改寫自己的劇本吧。做出決定，選擇成爲自己故事中的英雄，以自己的方式變得強大、豐盛，並且有能力實現任何你下定決心要做到的事情。

阿布杜拉教導內維爾，你的想像擁有改變生命的力量。內維爾教導那些願意聆聽的人，每個人的內在都有神性的火花，它能夠塑造我們的現實。如果你能想像自己過著想要的生活——享受健康的身體、成功、找到愛情、實現平靜——你就可以將之顯化在現實之中。

改變你的自我概念，始於有意識地決定挑戰和重塑你對自己的信念。首先，設想一個理想的自我。你想成爲什麼樣的人？你生來是要成爲什麼樣的人？這個人如何思考、感受、行動？一旦有了清晰的形象，就開始將你的想法、情感和行動，與這個理想自我結合。全心全意地相信它，在靈魂的深處，感受成爲這個人的喜悅和滿足。

一個強大的技巧就是：**「宛如那般」地生活**。開始表現得宛如你已經是自己想要成爲的那個人，感受你會因而感受到的情緒，並做出相應會做出的選擇。這並不是在假裝或冒充，而是讓你的能量去對應你想要創造的現實。

改變自我概念需要勇氣和毅力，但我向你保證，一旦開始體現新版本的自己，你的外在世界將反映出內在的轉變。機會將自然而然出現，對的人也會出現，生活將以你不可置信的方式進行調整。

你的自我概念，是你正在創造的生命之藍圖。阿布杜拉作爲移民、老年人、深色皮膚的黑人，在他那個時代從事深奧的工作，他的成功證明了強烈、正面的自我概念所能產生的影響力。

以下是應用「自我概念」羊皮卷的方法：

- **相信你的價值**。這是健康自我概念的基礎，對於顯化來說至關重要。只要相信自己值得擁有美好的事物，我們就會將能量與想要的結果結合起來，讓顯化成爲目標。
- **挑戰受阻的信念**。挑戰任何阻礙顯化過程的信念。如果你認爲某些目標無法實現，就可能會擋住自己的道路，無法去實現或保有這些目標。

• **視覺化與「宛如那般」行動**。阿布杜拉不只是透過視覺化的方式，看見自己在頭等座位上，他還「宛如那般」地表現出這件事已經成爲現實。在談到顯化時，視覺化想要的結果，並表現得「宛如」這已經是現實，從而使那樣的現實成眞。

• **保持韌性和毅力**。即使面臨障礙或耽擱，也要堅持你的願景並繼續相信。

• **要有耐心**。培養正面的自我概念，視覺化你的渴望，並「宛如那般」地行動，你就會看到想要的現實逐漸展現。

自愛、自尊與自我價值

自愛、自尊跟自我價值，都是組成自我概念的一部分，就像是同一顆鑽石上的不同切面，每個切面都在塑造你對自己的整體認知，扮演著重要的角色。

讓我們仔細分析一下：

• **自我概念**：這是指你如何看待自己，包括你對自己的特質、行爲，以及你與周遭世界關係的信念。本質上，它是你對自己的認知。這個印象可能是準確的，也可能是扭曲的，它會對你的想法、情緒和行爲產生正面或負面的影響。

- **自愛**：這是你對自己的欣賞和喜愛，包括照顧自己的需要、在人際關係中不虧待自己，以及騰出時間從事滋養和滿足自己的活動。自愛鼓勵你自我疼惜、認識自己的內在價值，並善待自己。
- **自尊**：高自尊表示你相信自己有能力、稱職、有價值，而低自尊則反映出能力不足或自我懷疑。
- **自我價值**：代表對於自己身爲人與生俱來的價值的信念。自我價值就是，無論你的成就、失敗或別人對你抱持什麼看法，都知道自己值得被尊重、善待，和獲得正面的人生經驗。

你對自己的看法，會受到你選擇去關注的每一個想法的影響。請注意你在生活的各個領域，是如何看待自己的，它會形塑出你的未來。

別從受害者的角度觀看世界

只要意識到沒有人可以控制你的生活，一切就會改變。只要眞正意識到，你是生命中一切的源頭，並且有能力創造出想要的任何東西時，你對自己的看法就會轉變爲一切皆有可能。這就像找到一個祕密世界，在那裡，你的潛力是無限的。（因爲確實如此！）

我有一位老朋友，姑且稱他爲安德魯吧，他覺得每件事、每個人都在跟他作對。安德魯覺得生命不斷向他拋出問題，他只能勉強活著。一旦產生這種想法，你似乎總是會得到最差的待遇。世界看起來很不公平，而你覺得自己總是在掙扎。

這種思考方式，會讓你覺得自己被周遭的事物控制。對安德魯來說，家庭和事業上的各種關係總是令人失望，而工作就像是持續不斷的戰鬥。由於認定「生活就是不斷掙扎」，所以他認爲自己只是在對生活做出反應，而不是在創造生活。他形容這就像是在沒有方向盤的船上，被生活拋來拋去。

從受害者的角度去觀看世界，也會讓你對未來感到悲觀。一旦覺得自己無法掌控，就很難想像事情會變得更好。期待被辜負已經成爲一種習慣，讓你陷入不斷成眞的負面想法的循環——這是一個自我實現預言。

好消息是：就像你可以選擇將自己視爲受害者，你也可以選擇以不同的方式去思考。

你不會被發生在身上的事情控制，你對自己的生活有影響力。慢慢地用你可以掌控生活的想法，來取代你是生活的受害者的想法，並觀察世界會產生什麼樣的改變。有了這個新觀點，你就不再只是隨波逐流，而是正在積極塑造自己的人生。

練習：改變自我概念的方法

如果有人試圖搶你的風頭，讓你覺得自己很渺小，而他卻很巨大，請在腦海中想像他坐在馬桶上的樣子，就會讓他跌落神壇。

——阿布杜拉

目的

建立健康的自我概念。

如果有人試圖要貶低你，你有聽過前述阿布杜拉奸巧（cheeky）的建議嗎？（我不是英國人，但奸巧是唯一合適的字眼。）我稱之為穩紮穩打戰術，真的就是這個意思！只要你認為自己有能力、有價值、值得尊重，他人的影響力就會降低。

做法

❶**練習自我覺察。**改變的第一步是覺察。反思你目前的自我概念，絕對要誠實。觀察那些突然出現的想法。**你看待自己的方式，會不會對你造成阻礙？你對自己是否有負面或限制性的信念？**

❷**想像你的理想自我。**為你渴望擁有的自我概念，創造一個有說服力的清晰形象，作為人生旅途的路標。**你生來是要成為什麼樣的人？你的言行舉止會是什麼樣？有什麼樣的想法？重視什麼？生命中又會出現哪些人？**

❸**使用肯定句和指令。**肯定句、口號、宣言和指令，都是正面的陳述，可以幫助你挑戰和克服負面的想法。寫下與理想自我相符的肯定句，並每天重複念誦。你的大腦會相信你重複告訴它的事情。

❹**表現得「宛如好像」。**開始表現得「宛如好像」你已經是你想要成為的理想自我了。這並不是「弄假直到成真」的那種假裝，而是要讓自己的行為符合新的自我概念。一旦你開始表現得「宛如好像」，你的信念就會隨之跟上。

❺**讓自己正面積極。**你周圍的人和環境，會對你的自我概念產生影響，這就是為什麼創造療癒和賦權的社群（例如我的靜修營和線上小圈圈）是我工作中的重

要部分。尋找正面、支持你的人，把時間花在能激勵你的環境之中。

❻ **練習自我疼惜。**改變是一個過程，對自己要有耐心。必定會有挫折和自我懷疑，絆倒了也沒關係，對自己好一點。

❼ **尋求專業協助。**如果你發現很難只靠自己改變自我概念，請考慮尋求專業協助。有經驗的心理師、諮商師、療癒者、人生教練、課程或社群，都可以提供寶貴的指導和支援。

❽ **重複就是力量。**大腦是透過重複養成習慣的。定期重新審視自己的肯定句、視覺化你的理想自我，以及採取「宛如好像」的言行，可以幫助你的大腦建立新的模式。重複這些行為的次數越多，就會變得越自然而然。久而久之，你的大腦會接受新的自我概念，成為你的現實。把這個過程想像成在大腦裡建立一條新的溝槽，它會逐漸加深，直到成為你預設的思考、感覺和行為方式。

練習：透過「自我概念」圖像進行顯化

目的

創造出你所渴望的自我概念的視覺圖像，並將其作為顯化工具。

持續時間

一星期。

所需材料

- 一大塊廣告紙板或一大張紙。
- 馬克筆、鋼筆或色鉛筆。
- 用於剪切圖片的雜誌（非必需）。
- 膠水或膠帶（如果有使用雜誌的話）。
- 能讓你安靜思考的空間。

做法

❶**發想你的理想自我概念。**花十五分鐘，記下代表你生活中各個層面（人際關係、職業、健康、靈性、財務、休閒等）的理想自我概念的字詞或想法。

❷**分門別類。**把你的紙板分成幾個區塊，代表生活中你想要改善或改變自我概念的不同領域。

❸**區塊建構。**在每個區塊中寫下或貼上圖像，藉此代表你希望體現的理想自我概念。內容可以包括肯定句、你想擁有的經驗的圖片，或是對你來說有意義的符號。

❹**加上中心圖像。**將自己的照片或圖畫放在紙板中央，周圍環繞著你的理想自我概念，這代表你在顯化「新的你」。

❺**每天查看。**每天至少花五分鐘查看你的自我概念圖像。查看每個區塊時，想像並感覺自己已經體現了理想的自我概念。

❻**肯定並宣告你的自我概念。**每天查看後，大聲說：「我正在不費吹灰之力地成為我所想像的一切，我是自己人生體驗的創造者。」

❼**採取行動。**每天至少找出一個你可以採取、能呼應你想要體現的新自我概念的行動。把這個行動寫下來，並下定決心實踐。

❽ **反思。**在週末寫下你的經歷。你的想法或行為有什麼改變嗎？你有留意到自己的外在世界有什麼改變嗎？

「自我概念」指令

我配得上自己的夢想跟目標。

今天，我是自身命運的主人，也是自身世界的建築師。我不是在風中飄搖的葉子，我是一棵堅強的橡樹，在暴風雨中挺立，信念堅定，決心不移。

我配得上自己的夢想和目標。

我不再沉迷於自我懷疑、他人出於好意提出的意見，或以恐懼為根基的信念。我體內的每一個細胞，現在都充滿了勇氣和信心。

我的過去不能定義我，我的現在就是我的飛天魔毯。我擁抱每一個挑戰，並視之為成長、發光、發熱的機會。像我這樣的人會發光，像我這樣的人會贏。

我配得上自己的夢想和目標。

今天，我認知到自己內在的力量。我很大膽，我是狠角色，我勢不可擋。今天，以及每一天，我都挺直身子，閃閃發光。事實就是如此。

「自我概念」反思自問

- 有哪些自我概念阻礙了我？要怎麼做，才能將這些受阻信念重新塑造為正向的賦權信念？
- 如果我是以最真實、最能掌控自身命運的方式在過生活，我會如何描述自己？
- 要怎麼做，才能讓我目前的自我形像對應我的目標和夢想？

潛意識的奧祕

你擁有它。如果今晚入睡時，你沒有擁它入眠，那麼你就沒有照我告訴你的去做。

——阿布杜拉

你是否意識到，自己擁有神奇的創造能量泉源，可以塑造自己的存在？這個令人難以置信的天賦，就是你的潛意識，它是你可能沒有意識到的心靈的一部分，卻影響著你存在的各個面向。

阿布杜拉的高徒墨菲和內維爾，都認同可以利用潛意識去影響現實。他們都教導我們，你的思想會塑造你的生活，儘管兩人對這個想法的理解有些不同。

在墨菲博士最知名的著作《潛意識的力量》（*The Power of Your Subconscious Mind*）中，他教導我們，潛意識是一種強大的創造力，可以利用它來實現自我提升、健康和成功。墨菲提出，我們有意識的思想、信念和感受，塑造了由我們的潛意識所產生出的現實。他呼籲人們改變思維模式，變得更加正面，以改善自身的處境。

內維爾認爲，一切都存在於你的想像中，人們應該「假設願望實現的感覺」。他教導說，現實是由你的想像所創造的，透過改變你的思想和心像[1]，你就可以改變現實。

那麼，你的「潛意識」是什麼呢？

想像一座冰山，突出水面之外的一小角——那就是你的意識。它是你所意識到的所有想法、感受和選擇。但在水下，冰山有很大一部分是你看不見的。那是你的潛意識，它是你所有記憶、情緒、信念和經驗的儲藏室。儘管你可能看不到，但它始終存在，靜靜地塑造你如何看待世界、如何採取行動，甚至是你的生活。

你的潛意識會吸收並儲存你有過的每一個經歷、情感和想法，就像一座巨大、無限、專門用來儲存你個人歷史的寶庫。它利用龐大的資料庫日以繼夜地運作，來影響你的行爲和決策。

你的潛意識不會判斷或分辨，只會將每一個想法、信念和想像都視爲眞理。這些輸入你心中的東西，會影響你對世界的感知，以及與世界互動的方式，從而形塑你的現實。

你潛意識中的信念和假設，決定了你的態度、反應，以及你對自己和他人的期望。如果你下意識認爲自己不夠好，或是成功遙不可及，那麼你可能會發現，**你在自我破壞或迴避任何可能會爲你帶來成長和成功的機會**。

你潛意識中的大部分信念和假設，都是在童年時期，根據你從環境中接收到的訊息形成的。隨著成長，它們在你的潛意識中逐漸鞏固，並持續影響你的生活，而你卻往往沒有意識到。好消息是，這些信念和假設是可以改變的，**千萬不要對自己的想法照單全收！**

你的每一個想法，都會在潛意識中產生漣漪，影響你的情緒、行爲和整體身心健康。持續性的消極思維模式，可能會導致壓力、焦慮和其他健康問題。另一方面，培養正面的想法，可以改善你的情緒、增強信心，甚至促進你的健康。

令人振奮的是，你有能力選擇自己的想法。（我知道，情況看起來並非總是如此！）透過認識到你的想法所擁有的力量，你可以開始有意識地引導你的思維模式，朝向想要顯化的生活。

---

1 譯註：在不需要實際接觸相關物體、事件或場景的情況下，浮現在腦海中的景象或五感記憶，例如視覺心像、聽覺心像、嗅覺心像等。

你的思想和身體，並不是分離的。你的潛意識在兩者之間架起了一座橋梁，將你的思想和情緒的力量，轉化爲身體反應。

想像你即將進行一場大型演講，開始感受到心跳加速、手心冒汗、胃部翻騰，這都是由你的思想和情緒所引發的身體反應——這是思想和身體連結的一個實例。

現在，思考一下這種連結，對你的整體健康帶來的影響。如果負面的想法和情緒會造成壓力反應，那麼長期的負面思考會對你的身體產生什麼影響？研究顯示，壓力會導致各種健康問題，包括心臟病、消化問題、睡眠障礙等。

正向思考可以刺激化學物質的產生，進而提升幸福感、幫助管理壓力，並促進整體健康。透過培養健康的思想，你就能擁有更健康的身體。

墨菲博士的心靈顯化

虔信心靈力量的海倫娜·赫塞爾（Helene Hadsell），在著作《一位八十三歲智者的自白》（*Confessions of an 83-Year-Old Sage*）中，分享了約瑟夫·墨菲博士的一個故事。海倫娜之所以聞名，是因爲她利用正向思考、專心致志和有意識的顯化等技巧的力量，贏得了各種比賽和抽獎活動，取得不可思議的成功。

以下是海倫娜分享的故事：

很久以前，約瑟夫．墨菲（日後成爲新思想運動的傑出倡導者）發現自己處於卑微的環境中。他唯一的收入來自當地的廣播電臺，他在那裡創作了一系列鼓舞人心的訊息「每日一思」（Thought For The Day）。墨菲博士微薄的收入，幾乎無法滿足基本需求，但他卻有著宏偉的夢想。他渴望擁有一個家，裡面有花園、噴水池，還有錄音室，讓他可以錄製心靈勵志錄音帶。

墨菲博士沉浸在深深的沉思和視覺化之中，進行了五個月兩週又三天的閉關。在他的腦海裡，他看見自己坐在夢寐以求的房子的噴泉邊，享受寧靜的時光。每次靜心冥想時，他都會在腦海中添加更多房子畫面的細節：藝術品、地毯、圖書館，以及能夠俯瞰好萊塢山的臥室。他的想法變得栩栩如生，他覺得幾乎可以觸摸到憧憬夢屋裡的物品。

後來，一位律師的敲門聲，將墨菲博士從閉關的狀態中帶了出來。他的一位廣播粉絲過世了，並將全部遺產都留給了他。墨菲博士從未見過這位恩人，但他每天的廣播訊息深深打動了她。

「你準備好去瞧瞧，自己剛剛繼承了什麼嗎？」律師開車駛向好萊塢山時說。

抵達後，墨菲博士意識到，這就是他視覺化中的家——甚至連最小的細節，都一模一樣。

「我驚訝得目瞪口呆。倒不是因爲我所設想的已然實現，而是竟然只花了這麼短的時間。我所設想的一切都已顯化。進屋後，我的腦袋一片空白，然後我看到了通往二樓的螺旋階梯，並問道：『樓上有錄音室嗎？』」

墨菲博士的描述實在太明確了，於是律師問道：「你以前來過嗎？怎麼會知道樓上有錄音室？」

墨菲博士解釋說：「有好一段時間了，我一直想製作正向肯定句的錄音帶。我發現多數人必須一遍又一遍地閱讀或聆聽內容，才能有所體會。反覆聆聽錄音帶，有助於改變他們的心態。」

墨菲博士專注的視覺化，以及對夢想的執著信念，讓他得以將夢想銘刻進潛意識中，而潛意識則努力地將他的願望顯化到現實世界。一旦時機來臨，潛意識的奧祕就會將墨菲博士吸引到符合他內在意象的環境之中。

他內在的阿布杜拉正在宣告：「你人就在巴貝多！」

潛意識總是在聆聽，它會吸收你最主要的想法和感受——就算看起來有多麼不可能——並開始塑造你的現實，以使現實與之吻合。

練習：運用潛意識療癒的方法

正念靜心冥想、視覺化和肯定句，對於改變潛意識非常有效。此外，你可能還會想嘗試以下做法：

- **潛意識訊息：**這些訊息（文字或聲音）是在意識層面以下呈現的，會影響潛意識。帶有潛意識肯定句的音頻，可以影響你的思想和身體。
- **催眠：**催眠可以幫助你直接進入潛意識，進行更深層的改變。它能讓意識安靜下來，打開潛意識的大門，使其更容易接受新的想法和信念。我發現催眠對我的成長、轉變和顯化非常有幫助，所以一直在研究。
- **情緒釋放技巧（Emotional Freedom Techniques，簡稱EFT）或輕敲：**EFT是我的另一個心頭好，我會用在個案、自己和家人的身上。這種技巧包括了敲打特定的經絡穴位，同時說出特定的語句，目的是轉換能量、減少負面情緒，並促進正向的改變。
- **情緒札記：**這種做法的重點是，探索和連結與你的渴望相關的情感。你想要有什麼樣的感覺？記下渴望得到滿足時，你會經歷的感受。不是當時的情況，只要記下你的感受。這個練習可以幫助你的潛意識與這些情緒保持一致。

正向思考真的正向嗎？超越刻板印象與靈性逃避

在個人發展和靈性的世界中，正向思考的名聲不太好。有人說它過於簡化，是一種忽視挑戰、盲目樂觀的觀點。在此澄清一下：眞正的正向思考，並不是戴上玫瑰色眼鏡去看世界，或者逃避困難。正向思考比那更爲強大。

沒有人期望你一直保持正面的態度。好好去感受自己的感受，是你所能做到最能改變自己的事情之一。

眞正的正向思考並不是否認困難，或是避免情緒上的痛苦，而是關於接受這些挑戰，並選擇專注於能夠克服挑戰的能力。透過向大腦注入正面的想法和肯定句，你可以影響潛意識信念和假設的根基，並改變你看待周遭世界的方式，以及如何與之互動。

我猜，你可能聽說過「靈性逃避」，這是心理學家約翰·威爾伍德（John Welwood）發明的術語。所謂的靈性逃避，是利用一些陳腔濫調的說法，來迴避潛在的不舒服時刻。以下的話語，你一定都知道：「保持樂觀」「愛與光」「思念與祈禱」或「萬事萬物自有其因緣」。這類說法會阻礙情緒的成長，將表面的正向變成情緒迴避的策略。

眞正的正向思考不同，它是你成長的助力，而不是障礙。眞正的正向思考並不是忽視問題或感受，而是一種認知工具，能讓你保持樂觀的態度，有能力面對挑戰。

正如我之前所分享的，研究支持了這一點。正向思考不只是一些「感覺良好」的哲學，而是一種轉化性的實踐，鼓勵你以自信和希望面對挑戰。它並不能消除你的痛苦或困難，卻可以幫助你度過難關。眞正的正向態度是成長的動力，而不是讓你躲在其後的盾牌。

練習：七天顯化日誌挑戰

目的

將你的渴望銘刻進潛意識中，並調整你的想法和感受，以便快速有效地顯化。

準備

- 專用的日誌或筆記本。
- 安靜的空間。
- 每天不會受到打擾的十五到二十分鐘，持續一星期。

做法

❶ **選擇你的渴望。**選擇一件你想要顯化的具體事件，任何事情都可以，但盡量讓它（對你來說）可信但具有挑戰性。

❷ **打造能夠引導你的肯定句。**將你的渴望轉化為一句強而有力、正向、現在式的肯定句。如果你想要一份新工作，你的肯定句可以是：「我在夢寐以求的工作中茁壯成長，這讓我感到滿足和有意義。」

❸ **建立你的空間。**尋找安靜、舒適、不會被打擾的空間，深呼吸幾次，讓自己集中注意力。

❹ **視覺化並去感覺你的新環境。**閉上眼睛，生動地視覺化已經實現了渴望的生活。調動你所有的感官和情感，你看到、聽到、聞到、觸摸到了什麼？以及最重要的，你感覺到了什麼？

❺寫下來。 睜開眼睛，在頁面的頂端寫下你的肯定句。像寫故事那樣描述自己的視覺化體驗，盡可能詳細地描述你的新生活，並活在願望已然實現的生活之中。深入體會你所經歷的感受和情緒。

❻重複練習。 每天在同一時間進行此練習，持續七天。

❼放手。 七天一到，就放下對結果的執著。相信你的潛意識已經在發揮作用，會將那一切顯化為現實。

這個練習的關鍵是情緒和重複，每一次都要盡可能深入地去感受那些情緒。幾星期過後，再回顧一下，看看自己最近怎麼樣，以及自己的觀點或情況是否發生了任何變化。準備好釋放潛意識的顯化力量吧！

潛意識的雙劍合璧：愛之語和學習風格

我很榮幸能與數百人一起合作，幫助他們實現目標和夢想。賦權從來都不是一招打天下，我的方法不會適合每一個人，即便是我的忠實客戶，也會有些方法合適，有些不合適。

有些學員在我的直播和播客中茁壯成長，但永遠不會參加我的高階面對面靜修營；有些光之工作者會深入參與我的神諭卡課程，但不會參與轉化課程。這種偏好和反應的多樣性，促使我去探索如何整合愛之語和學習風格，來增強顯化的效果。

在談到有意識的創造時，當代的顯化運動試圖把每個人都扔進同一個框架。在研究了每一種我想像得到的人格原型之後，我發現用愛之語和學習風格來顯化，可以促成有效的結果。了解自己的愛之語和學習風格，可以增強你與潛意識溝通的能力，爲顯化創造出更容易接受的環境。

練習：用愛之語進行顯化

目的

蓋瑞．巧門（Gary Chapman）博士的《愛之語》（*The Five Love Languages*）指出，我們都有獨特的表達和接受愛的方式。我們獨特的愛的表達方式，可以影響自身的潛意識模式，進而影響顯化實踐。透過融合所有愛之語的元素，我們創造了一種平衡的方法，整合了情感、精神和身體方面的顯化。

做法：取決於你的愛之語

❶**肯定的言詞**：對於容易被言語刺激的人來說，大聲地肯定自己的目標和渴望特別奏效。這可以強化你潛意識中的意念，使它們更有助於有意識的共同創造。

❷**服務的行動**：行動往往勝於雄辯，做出提升振動頻率的善意或服務行為（尤其該行為符合你的渴望時）是非常強大的。

❸**接受禮物**：如果禮物對你來說很有吸引力，請使用與你的目標相符的象徵性物品，例如代表富裕的硬幣，或代表愛情的心形石頭。這些可以提醒你的潛意識，強化你所規畫的道路。

❹**精心時刻**：專注地把時間花在你的顯化實踐上，將你的渴望深深嵌入潛意識中，這會增強你意念背後的能量。

❺**身體的接觸**：對於透過觸摸進行連結的人來說，將觸覺元素融入顯化儀式，

1 譯註：指能讓自己的心神安定下來的練習，例如把手放入水中、深呼吸、散步、動動身體、聆聽周遭的聲音等。

可以使你的渴望更加切實。在靜心冥想或進行著陸練習[1]時，持有水晶等物體，能夠在身體和象徵上將你的渴望與你的努力連結起來。

找出你的愛之語，將它與你對潛意識的理解相結合，就可以開啓更有效、更符合你個性的道路，來實現你的夢想。

練習：用學習風格進行顯化

目的

學習找出你的主要學習風格，並與之產生連結，加速顯化你的目標。

當代的顯化工具和程序，並不適用於每一個人。舉例來說，願景板很受歡迎，但並非適合所有人，寫札記、肯定句和靜心冥想也是。我們吸收和處理資訊的方式各不相同，有些是視覺的，有些是聽覺、讀／寫或動覺的。

如果某種方法對你來說不管用，並不表示你「做錯了」，可能只是另一種方法更符合你對世界的感知，以及你跟世界的互動方式。神性頻率會講許多種語言，因此找到你喜歡的方言，將會使一切變得不同。

做法：取決於你的學習風格

• **針對視覺型學習者：**製作實體或數位的情緒板和視覺板，或讓自己沉浸在充滿細節的視覺化之中。正如內維爾所提倡的，生動地想像自己已然實現了夢想，會對你的潛意識產生影響。這種方法是使用視覺圖像，將你的目標嵌入思想中。

• **針對聽覺型學習者：**使用口頭的肯定句，或是聆聽引導性的視覺化。墨菲博士關於重複肯定句力量的教導，也支持這種方法。聽到和說出你的目標，可以調整你的潛意識，實現你的渴望。

• **針對動覺型學習者：**透過走路靜心冥想、瑜伽或舞蹈（任何類型皆可）等體能活動，來顯化你的夢想。身體接觸可以幫助你實現夢想，讓它們感覺更切實和真實。

• **針對讀／寫型學習者：**寫下你的目標和意念。墨菲博士很重視肯定句，而將之寫下，藉此銘刻在潛意識中，是一種很好的做法。閱讀和撰寫有關顯化技巧和成功故事的文章，也可以塑造你的願景。

結合你的學習風格，可以讓顯化更有效率。在你的偏好和潛意識的力量之間，找到和諧吧。

「潛意識」指令

我是思想的主人。

今天，我要取回我的思想，我那沉默的命運建築師。我接受並肯定我的思想，具有無限的力量和潛力。

我是思想的主人。身為匆匆而過的訪客，我迎接每一個負面的想法，接受它的存在，但否定它的停留。

我的潛意識是開放的田野、肥沃的土地，為我敢於做出的夢想做好了準備。每天早晨，我都會懷著感激之情，迎接象徵嶄新開始的陽光，確認我的豐盛。每天晚上，我確信自己睡著時，潛意識會繼續工作、繼續建構、繼續顯化。

我是思想的主人。我的思想，我那永遠服從的僕人，反映了我的信念，反映了我的想法，呼應了我的確信。它不知疲倦地工作，形塑我的世界，使其吻合我的內在願景。

我是有能力的。我是有價值的。我是強而有力的。我的潛意識是我的盟友，是我在生命之舞中的夥伴。我們一起邁向成功的節奏、繁榮的旋律、顯化的節拍。我謹慎選擇我的想法，了解它們的創造力。我是思想的主人。

「潛意識」反思自問

- 在你的生命中，不斷出現的哪些常見模式，可能反映了你的潛意識信念？這些信念從何而來，又如何對你的選擇和生活經驗造成影響？
- 如果你的恐懼和自我懷疑在試圖教你一些東西，可能包含著什麼樣的教訓？
- 想像你未來的理想自我過著你一直企盼的生活。這個未來的自己會抱持什麼樣的信念？你現在該如何開始培養這些信念？

文字與話語的奧祕

我以身為黑人為榮。

——阿布杜拉

從文明誕生之日伊始，文字就一直是我們溝通、表達，當然還有創作的主要工具。文字使我們達成協議（也造成分歧）、用詩歌感動我們，並激發血腥的革命。文字具有內在的能量，如果可以理解並利用這種能量，就可以重塑我們的現實。

身爲作家，我熱愛文字，我的愛之語是「肯定的言詞」。我還記得看到美國作家及詩人瑪雅・安吉羅（Maya Angelou）博士，在歐普拉的節目中討論了文字的力量。她說，她不允許有人在家裡說髒話，因爲那些字詞會進入牆壁和窗簾。她解釋說，她知道有一天，科學家將能夠測量話語的力量。

內維爾看到「科學家、醫生、律師、銀行家，來自各行各業的人，都來尋求與老阿布杜拉會面」。每當阿布杜拉受邀外出時，他總是受人尊敬的貴客，所有政要都爲阿布杜拉騰出時間，對於在家與他進行私人一對一會談備感榮幸。

阿布杜拉讚揚人面獅身像：「它體現了宇宙的四個固定部分。你有獅子、老鷹、公牛和人類，頭的部分是人類。這種被稱爲獅身人面像的生物，頂端是一顆人頭。截至目前爲止，仍無法用人類的知識解開它的謎團。內維爾，仔細看看那顆頭，你會發現那顆頭的模特兒一定是黑人。無論這個模特兒是誰，都有一張黑人的臉，而倘若人類依然無法解開這個謎團，那麼，我以身爲黑人爲榮。」

阿布杜拉堅持被稱爲黑人，而不是當時大家普遍接受、比較好聽的禮貌詞「有色人種」，因爲文字很重要。阿布杜拉說，他「不想對神所創造的他，進行任何修改」。內維爾和墨菲博士，都強調了話語在形塑我們內在和外在生活中的關鍵作用。話語的影響不僅在於語義，還在於所承載的信念、感受和意念。

想想一個字：愛。根據你的個人經歷和當前的心態，這個字可能會帶來從溫暖和舒適，到痛苦和遺憾的感受。這種情感的共鳴，是由於集體意識和與之相關的個人經驗所造成的。現在想像一下，在有意識地選擇字詞，並將其嵌入特定的意念和感受時，會具有多大的力量和潛力。

我們所說出的每一個字詞，都會對生活產生影響。

字詞的振動能量

一切事物，從最大的恆星到最小的原子，都以特定的頻率在振動，字詞也不例外。每當我們說出或想到一個字詞時，它就會釋放出一定的振動。正面字詞（如「希望」「愛」或「感激」）會發出令人振奮的振動，可以照亮我們和身邊的人的每一天。另一方面，負面字詞（如「憤怒」「恐懼」或「怨恨」）會散發出較低頻的振動，可能會削弱我們和身邊的人的精神。

先前，我和女兒一起看《芝麻街》，劇裡提到了這樣一句話：「棍棒和石頭可能會打斷我的骨頭，但話語永遠傷害不了我。」大人希望能讓我們對霸凌、謾罵或嘲諷有抵抗力，但正如過去和現在所知道的，話語確實會影響我們。話語可能不會留下明顯的傷痕，卻會影響我們的感受、想法和行爲。

一個字詞的能量，不僅取決於它的字典意義，還取決於驅動它的情感和意念。

每當我們說出不眞心的話語時，就達不到預期效果。一句隨隨便便的「對不起」，可能無法修補關係，但發自內心的道歉，可以療癒深沉的傷口。懷著眞心的信念低聲說「我做得到」，比大聲喊出的「我做不到」更強大。我們的言詞（無論是思想或口頭）都帶有振動和意念，可以促進或阻礙我們的成長。

我也曾經使用肯定句來引導內在的聲音。早在我向偉大的肯定句女王露易絲・賀學習之前，傑西・傑克森（Jesse Jackson）牧師的肯定句，就已經讓我覺得自己很重要。在我還是個孩子的時候，他曾出馬競選總統。在當時，能夠看到一個黑人這樣做，是非常酷也非常獨特的事情。我不太了解政治，但我知道自己是個「重要人物」。顯而易見的是，我錯過了機會，沒有那個榮幸親眼目睹有著巴貝多及蓋亞那血統的紐約女神雪莉・奇瑟姆（Shirley Chisholm）角逐總統，因爲那時我還沒出生。傑克森牧師讓我們鄰里的每個小學生，都高聲念誦出他的肯定句：「我是個重要的人。」身爲成年人的我，在哈林區自願參加歐巴馬的競選活動時，出現了一個新的肯定句來指引我們的腳步：「我們做得到。」

從古印度的咒語和靜心冥想，到古埃及的赫卡（heka，也就是有魔力的言詞），文字的力量超越了文化。非洲的傳統（如約魯巴人和祖魯人〔Zulu〕）有祭司和治療師，能透過吟唱和儀式祈求祝福。努比亞人（Nubians）和多貢人，也透過話語和信念進行靈性工作。美洲的原住民部落，例如拉科塔蘇族（Lakota Sioux）和納瓦荷族（Navajo）等，以及中美洲和南美洲的馬雅人（Maya）和西皮波人（Shipibo），都強調透過吟唱，來實現靈性連結和療癒的儀式。與此同時，澳洲原住民透過夢時代（Dreamtime）的神話故事，喚起祖先的靈魂，紐西蘭毛利人（Maori）透過哈卡戰舞來連結力量。在這些古老的系統中，話語充當了人類的意念和現實顯化之間的橋梁。

而這對於有意識的顯化來說，又意味著什麼呢？

讓我們來看看阿布杜拉最喜歡的書之一：《聖經》是怎麼說的。

「最初就有話語，話語跟上帝同在，話語是個神。」[1]（約翰福音 1：1）。

聖經中的這句話，告訴我們一個大道理：話語是有力量的。這就像在說，在其他事物出現之前，就已經存在一個字詞、一個聲響，或一個聲音。而這個聲音有創造和改變事物的力量。

也想想這句話：**「軟弱的要說：我有勇力。」**（約珥書 3：10）。

這是一句肯定句，教導信徒說出他們渴望的現實，就像在對自己發表一番激勵人心的談話。

縱觀舊約和新約，有很多時刻，都是言語促成事情發生的。就像上帝說「要有光」，就有了光；或者耶穌一說話，奇蹟就發生了。這些言語不僅僅只是言語；它們是強而有力的行動。

人們稱阿布杜拉的教誨是「新時代」的，但它們其實是我們今天仍在學習的古老祕密。

練習：用聽覺想像力來顯化

目的

學習使用你的五感來顯化。

文字不只是用來讀或寫，也被用來說和聽。字詞的聲音、被說出口的方式，以及聽到它們的情況，可以顯著地增強其顯化力。

想要有效地顯化，需要調動你所有的感官。視覺化很強大，但我們聽到的聲音可以喚起情緒、創造氛圍，其真實程度絲毫不遜於所看到的畫面。從說話到環境裡的噪音，聲音可以為你的心像增添深度和層次，讓你的渴望感覺真實而充滿情感。

為了幫助你做到這一點，以下有三種內維爾的技巧：

祝賀法

- 找出你的渴望，在腦海中清晰地將它視覺化。

1 譯註：為符合原文意思，此處並非採用常見的和合本，而是採新世界譯本。

• 想像一位親密的朋友、家人或同事，祝賀你實現了渴望的結果。這個人應該是你信任的人，並且會真心地為了你的成功而感到高興。

• 閉上眼睛，深呼吸幾次，讓自己集中注意力。然後，在心裡創造你正在與這個人交談的場景。

• 「聽到」他們祝賀你。恭喜！你被認可了、你成功了、你被療癒了、你贏了、你被接納了！感受他們聲音中的溫暖和興奮，帶著感激和喜悅來回應。體驗情感，就好像對話真的發生了一樣。

• 在這次想像中的對話之後，睜開眼睛，讓這種喜悅和成就感持續一整天。

先聽見，才看見

• 明確定義你渴望的結果，要說得清楚、具體。

• 閉上眼睛，進行幾次平靜的呼吸。

• 想像你正處在渴望即將實現的地方，可以是頒獎典禮、派對，或任何其他合適的場合。

• 「聽到」該環境中，確認你成功的聲音：掌聲、歡呼聲，或任何與你所渴望的結果相符的聲音。

- 創造生動的聽覺體驗後，開始建構場景。看到周圍的人、環境以及你自己，都沉浸在成功的喜悅之中。
- 維持這種綜合性的感官體驗片刻，感受與之相關的情緒。準備好了以後，睜開眼睛，將這種能量帶進一整天的生活之中。

偷聽法

- 決定你渴望的目標。
- 閉上眼睛，深呼吸幾次，然後放鬆。
- 想像別人可能會討論你的成功的環境，例如咖啡店、辦公室或家庭聚會。
- 想像你在無意中聽到兩人的對話，他們正在以欽佩和景仰的方式談論你的成就。
- 「聽見」他們所說的話，並感受他們在你心中激起的情緒。讓自己感到自豪和感激。
- 經歷這個想像的場景片刻之後，睜開雙眼，並讓自己帶著那份成就感。

這些技巧是強大的工具，可以幫助你校準自己的渴望，並將其變為現實。它們會調動多重感官，讓你的想像更加生動、具體。定期練習這些方法，並將其與現實世界的行動相結合，就能有效地顯化你的渴望。

以下是一些額外提示：

- **練習積極聆聽。**透過積極聆聽周遭的聲響，來訓練自己的聽覺想像力。注意周圍聲音的微妙之處、節奏，以及它們所喚起的情緒。這麼做，將會增強你在腦海中再現聲音的能力。
- **使用肯定句。**編寫出跟你渴望的結果相關、屬於你的專屬肯定句。重複講出這些肯定句，你可以大聲念出來，也可以在心中堅定地說。感受與這些字詞相關的情緒，讓它們滲透到你的意識之中。
- **加上音樂。**音樂能喚起強烈的情感，並成為顯化的強大工具。建立與你的目標產生共鳴的歌曲播放清單，定期聆聽，感受與你的渴望相關的情緒。
- **為視覺化畫面加上背景音。**除了平常的視覺化實踐，你還可以加上適合用來搭配自己所期望結果的背景聲音。例如，如果你想要顯化海灘度假，可以使用海浪聲當作視覺化畫面的背景音。
- **編寫有對話的劇本。**寫下一個劇本，其中包括你跟其他人（真實或想像）

之間的對話。在這場對話中，你談論了自己的成功及渴望的顯化。大聲地朗讀出來，或者用錄音的形式播放，讓自己沉浸在對話之中。

- **調動其他感官。**在練習「祝賀法」或「偷聽法」時，也要調動你的其他感官。環境裡能聞到什麼氣味、帶給你怎樣的感覺？這種多重感官的方法，可以使你的視覺化更加生動和身歷其境。
- **保持開放和接納。**保持開放和接納的心態。相信這個過程，並相信宇宙正在幫助你。臣服於生命的洪流，知道你的渴望正在向你靠近。

用聽覺想像力來顯化，是一個持續性的實踐。要有耐心和堅持，並享受將渴望變成現實的過程。

為什麼要再三重複？

如果你不斷聽見或說出某件事，你的大腦會開始認爲它很重要。久而久之，這個重複的東西會深深融入你的潛意識。這就像設定你最喜歡的曲子作爲鬧鐘一樣——一段時間以後，就算是在中午的時候聽見，你的大腦也會想：「該起床囉！」如果你不斷告訴自己「我是有信心的」，你猜會怎麼樣？大腦會開始相信這件事。

經常說出正面的詞句，越常這麼做，它就會越深入你的潛意識。剛醒來或將入睡時，你的大腦是非常容易接受事情的，就像是肯定句的VIP專屬入口。也許在每次刷牙或等待早晨咖啡煮好時，你都可以說出口。不要只是喃喃自語，而是要真真切切地去感受那些字詞。想像一下你很有自信，或是很平靜，或任何你的詞句所描述的情況。這個時候，你可以使用劇本所帶來的魔法。這些正面詞句，每天都抄寫個幾次吧。

練習：撰寫你的理想生活劇本

目的

撰寫出適用於視覺化和肯定句的劇本。

要顯化夢想，你需要的不僅僅是一廂情願的想法，還要將你的想法、感受和行動引導到正確的方向。有兩種行之有效的方法：涉及生動想像的心靈劇本，以及能提供具體清晰度的書面劇本。讓我們深入了解這種強大的融合，將內維爾的視覺化技巧跟墨菲博士的肯定句方法相互結合。

寫劇本，無論是在你的腦海中或是在紙上，都是為了將你最深的渴望變成現實。這是一種與你的潛意識和神性意識溝通的辦法。

做法

❶**設定場景（視覺化）**。一開始，想像一個你所渴望結果的生動場景。無論是找到夢寐以求的工作，抑或是環遊世界，想像自己正在做那件事。感受場景裡各種事物的紋理、體驗那些聲音，並沐浴在其能量之中。

❷**加入旁白（肯定句）**。加入肯定句或旁白，為這個場景注入活力。舉例來說，如果你視覺化了一間豪華辦公室，請加上諸如「我在這裡受到高度重視，我的貢獻讓公司變得更好」之類的肯定句。

❸**透過充滿活力的情感來強化效果**。內維爾和墨菲都強調情感的作用。在視覺化和使用肯定句時，讓場景充滿真實的情感：喜悅、感激或興奮。

❹**加入對話**。更進一步加入對話，也許是一張恭喜你的便條，或是來自親友的祝賀電話。

❺ **加入能帶來支持的身體要素。**用肢體動作（例如擁抱或握拳）來強化你的心理劇本，讓體驗更加真實。

超越文字的情緒與感受

在將強烈的情感與肯定句或視覺化結合時，它會直接向你的大腦和神性傳遞訊息，表明你對這個渴望是認真的。

那麼，要如何確保自己的話語能夠帶來深層的感受呢？

- **帶著情感的視覺化：**在視覺化時，不要只是看到場景，而是要完全沉浸其中，感受喜悅、興奮和感激。如果你正在想像一份夢寐以求的工作，要去感受獲得這份工作機會時的快樂、告訴親友時的自豪，以及第一天上班時的興奮。
- **說出口時帶著真心：**在複誦肯定句或進行任何形式的口說顯化工作時，要避免只是機械性地把字詞說出來。要真心真意地說出每個字詞，充分理解每個字詞的分量和意義。舉例來說，不要只是說「我是富有的」，而是在說出這句話時，真心地感受到豐盛流入你的生活。

- **肢體語言：**身體通常會反映我們眞實的感受，使用肯定句或視覺化時，請確保其對應你的肢體語言。站直、微笑、擺出開放的姿勢，這麼做可以放大你的感受。
- **情緒連結：**回想一下，過去你曾感到無比快樂、感激或成功的時刻，把注意力放在那種感覺上。以後，每次練習肯定句或視覺化時，喚回那種情緒。將你目前的顯化實踐，與過去那種強烈的情感連結起來吧。
- **感恩札記：**感恩會自然而然喚起強烈而正面的情緒。每天寫一則感恩札記，在說出肯定句的之前或之後，寫下三件你眞心感激的事情，可以提升你的情緒狀態。

停！停！

沒錯，字詞很重要，也很有力量。有些人非常擔心負面想法，以至於只要發現自己在想或說出負面的話語時，就會立刻說「停！停！」，希望這樣能夠阻止不好的能量對自己造成影響。

有些人認爲，只要擁有哪怕一個負面的想法，它就可能會成眞，所以他們努力讓自己只擁有正面的想法——這可能會讓人筋疲力盡。一個負面的想法不會毀掉一切，更重要的是，我們的所言和所思背後的情感。

更好的方法是，留意自己的各種想法和感受。注意到自己有負面想法時，不要帶著恐懼去做出反應，試圖將它除之而後快，而應該要平靜地接受其存在。試著理解自己爲什麼會浮現這個想法，然後輕輕地將思維轉往更正面的想法。對自己抱持同理心，有負面的想法是完全正常的，重要的是，你如何去處理它們。

對自己的想法抱持好奇：它們想讓你知道什麼？它們想要試圖保護你免於受到什麼傷害？或是它們想要教你什麼事情？

阿布杜拉強調徹底相信自己的想法和言語的重要性，這是一件值得努力的事。但若是變得過度焦慮，以及用每一個字詞或每一個想法來恐嚇自己，是很不健康的行爲。要達到對自己抱持百分之百的信心，就是要相信你有能力顯化自己的渴望，而不是每次浮現一個負面的想法，就要懲罰自己。

在升級信念系統時，記得對自己仁慈一些、溫柔一點。墨菲博士建議，每當發現自己有負面的想法時，要立刻用正面的肯定句，去取代負面的想法。內維爾傳授了一種名爲「重塑」的技巧，你可以在本書後面的額外章節裡找到（見326頁）。重塑技巧的重點，不只是在終止負面想法，而是將之重新塑造，並用更正面的設想去替換。

我相信正面思考的力量。不要擔心每一個負面想法，而是要專注於想法背後的情緒。

「文字與話語」指令

我的話語很重要。我不是人生這齣大戲的被動見證者。我的聲音擁有顯化、召喚現實、實現夢想的力量。

我所說的每一句話，都鐫刻著我的意念。我的話語很重要，我將會帶有覺知地使用它們，並藉此描繪出豐盛、健康和快樂的美好畫面。

我會守護自己的舌頭，因為我知道我的話語很重要，它們會呼應希望、勇氣和成功。

我的話語很重要。每當我張口說話，宇宙就會傾聽我的聲音，它知道我的話語很重要。我的每一次宣言，都會帶來創造的漣漪，使生命的潮流轉往對我有利的方向。

我尊重自己的聲音。我的話語很重要，它們將反映我所選擇的世界，展現我心靈的彈性。肯定句裡的每一個字詞，都在建構出我的明天。

在人生的宏大交響樂曲中，我的聲音就是我的頌歌。我的話語很重要，我的每句話不僅是交流，而且是顯化、創造和宣揚存在之美。

「文字與話語」反思自問

- 回想一下，在你的人生中，話語（你所說的話，或是別人對你說的話）對你產生正面或負面影響的時刻。它們喚起了你的哪些情緒？又如何形塑了你的思維、感受跟行動？
- 回想你內在不斷重複、關於自己和生命的敘述。是否有些反覆出現的字詞或主題，限制或賦予了你力量？如果你可以重寫內在劇本，它會說些什麼？
- 想想你最深層的夢想和渴望。有沒有哪些肯定句，是你可以有意識地去選擇，以用來支持自己的夢想和渴望的顯化？

感覺的奧祕

該說的，我都已經說了。

——阿布杜拉

忘記你從流行文化或社群媒體所聽到關於顯化的內容，讓我們深入探討一個被許多人誤解的基本原則：我們的感覺，會對顯化帶來什麼樣的影響。

當代的顯化教練強調「高頻」和情感一致的重要性，這確實很有價值，但阿布杜拉教給內維爾的東西卻截然不同，而且更爲強大。內維爾在《感覺是祕密》（*Feeling Is the Secret*）中教導，我們的感覺和神性意識，是我們現實的創造者，而非只是副產品。

這裡的「感覺」一詞，是指你假設自己的渴望已經實現的**感覺**。

這就是「阿布杜拉典範」和「阿布杜拉悖論」能夠發揮作用的地方。你必須喚醒並取回你的「我是」神性意識，並且遵循「相信就會看見」的眞理。

活在結果之中

實際上是如何運作的呢？

把你的頭腦想像成一個活力充沛的二人組：你的思維意識部分，是你做出日常決定的地方，例如吃什麼或穿什麼；而你的感覺部分，也就是你的潛意識，則在背後運作，並根據你根深柢固的信念，來影響你的行為。你的意識和潛意識，需要共同努力來促成你的顯化。思想是汽車，感覺是汽油，兩者一起驅策你實現夢想。

一切總會回到「法則」。一旦你徹底假設，並相信自己的渴望已經得到滿足，你不僅只是在將願望丟入世界之中，也在改寫內在的軟體。隨之而來的，是現實中的「更新」——與你的感覺和假設相符的嶄新體驗、關係，以及機會。

「活在結果之中」的概念，是其中的核心。這不是只憑做一次就能達到的事，而是一種持續性的狀態。在這種狀態中，你會假設自己的渴望已然獲得實現。這不只是希望，而是深信不疑。希望會留下懷疑的空間，而假設已經成功的感覺，則會對實現夢想一事留下不可動搖的信念。你的人際關係、健康，甚至你感知到的「運氣」，都會因此而改變。

不過，請保持警覺。人們很容易退回舊有的思考模式。一旦發現自己搖擺不定，請將思想和感覺重新調整到你渴望的狀態，因爲你的潛意識無法區分白日夢和現實——它只能理解情感的語言。短暫的情緒高漲，是沒有用的。

能夠顯化你夢寐以求生活的，是你那眞實而深層的各種情感。專注於培養與你的核心自我產生共鳴的情緒吧。

這才是眞正的祕密：之所以要調整你的想法和感受，不只是爲了要顯化個別的結果，而是爲了要讓你成爲那個一直以來，**你注定要成爲的自己**，並讓你在這個世界留下自己獨特的印記。

愛上你的渴望

對於自己正在呼喚而來的東西，你有什麼樣的感覺？你是眞心相信，你所尋求的東西也想望著你嗎？你是否對自己的渴望缺乏熱情，抑或你的渴望有如熊熊燃燒之火？

這就是爲什麼，在內維爾表達了想要回到故鄉巴貝多的熾烈渴望時，阿布杜拉只問了他一個問題：「你是**眞的**想去嗎？」

正如內維爾所說：「我們之所以會失敗，是因爲我們不夠熱愛一個想法。我想說的是，我們還不夠感動，我們的想望還不足以改變現在的處境。如果我能夠讓你深深地愛上某一種狀態，使得它縈繞心頭、流連不已，那麼我幾乎可以預言，在不遠的將來，你會將那樣的狀態，顯化在你的世界之中。而我們失敗的原因，是因爲對於改變的渴求還不夠。因爲我們要不是不知道這個法則，要不就是對於改變的衝動或渴望還不夠強烈。」

爲了讓夢想成眞，你必須眞心地想要它。**你要愛上渴望得到滿足的那種狀態**。最棘手的地方在於——**不要愛上渴望它或缺乏它的那種狀態**，因爲你會被卡在那裡。你要愛上渴望已然實現的感覺。

有時候，我們之所以沒有得到想要的東西，是因爲對它的興奮度還不夠，抑或是不夠眞摯。如果你的心思百分之百放在一個目標上，並覺得它已經實現的時候，你就會讓自己的想像成眞。

渴望實現之時，你會有什麼樣的感覺？一旦內在開始出現不同的感覺（更有自信、更有信心，或是更爲堅定），你就會開始在日常生活中看到這些變化。

如何應對負面情緒和「低頻」？

在深入探討感覺和顯化的魔法之前，讓我們先就你的心理健康問題來場促膝談心吧。如果你正在跟憂鬱症或其他心理健康問題抗戰，請尋求醫療專業人員的協助。有意識的顯化很強大，但它不能取代你可能會需要的治療。人生本來就不可能一帆風順，沒事的。

此外，讓我們面對現實吧：透過靈性實踐逃避問題，並不是解決之道。靈性逃避可能會導致不健康的習慣，例如麻木自我，甚至是上癮。花時間去眞正感受自己所經歷的一切，不帶任何批判。每種情緒都是引導，都是幫助我們了解自己的心靈發生了什麼事的信使。

譬如，如果你正在想辦法克服悲傷（失去親人、結束一段關係，或是喪失了一個機會），感受到那些並非高頻的情緒，是很正常的。悲傷是人類的一部分，它不會讓你的顯化能力變差。給自己哀悼和療癒的空間，你要知道，只要準備好了，你就可以用更深的慈悲心和理解力，繼續自己的顯化之旅。

對於那些背負沉重負擔（例如創傷或是根深柢固的恐懼）的人，我希望你們知道，你可以尋求專業人士的幫助。幫自己貼上「只接受正能量頻率」的標籤，並不能解決所有問題。只要我們擁有足夠的勇氣，去面對自己的陰影，並在需要時尋求心理師或諮商師的協助，來解決自己的困難，眞正的改變就會到來。

另外，當狀況不佳、正能量頻率無處可尋之時，又該怎麼辦呢？這是不是表示，你已經偏離了顯化的軌道呢？在一個被「只接受正能量頻率」的標籤轟炸的世界裡，人們很容易認爲，成功顯化的關鍵，就是要流連於那些從不停歇、一場接一場的派對之間。不要扭曲這件事，阿布杜拉並沒有這樣說。

顯化這件事所憑藉的，不單單只是你此時此刻感受到的情緒，而是關乎你整體的假設和信念。負面情緒不會把你毀滅，只是你情緒風景的一部分。

你不想要的那些感覺，並不是障礙，而是路標，會讓你發現那些需要重塑的潛在假設。也許你覺得自己沒有價值，或者相信像你這樣的人不會遇到好事，這些感覺正在提醒你某些信念的存在，而你可以在之後改變那些信念。

不要把不想要的感覺隱藏起來，使用重塑等技巧改變過去事件的情緒基調。透過專注於想要的正面結果，你會感受到渴望得到滿足的感覺。不過，這並不表示你要忽視那些負面情緒。

發現自己陷入低潮時，堅持是創造轉變的關鍵。不斷修正、不斷假設，並保持信心。你堅定不移的假設，最終將會幫助你克服一時的挫折。

務實一點，下次心情不好的時候，不妨試試內維爾的重塑技巧。在腦海裡重新回憶當天的事件，但以更好的結局或感覺來改變原始劇情。也許有人在執行專案時忽略了你的存在，你可以將場景修改爲自己被選上了，而且表現得十分突出。深入去感受那樣的情緒。

或者練習「感覺翻轉」。找出你不想要的情緒，並找出對應它的正面情緒。如果你對財務感到恐懼，那麼財務安全會是什麼樣的感覺呢？假設那種感覺，抱持那種感覺，讓那種感覺蓋過恐懼。

訣竅在於，不是去避免負面情緒，而是去理解和轉化，如此你不僅能提升顯化能力，還正在成爲更完整、更能自我覺察的人。

為什麼主導情緒很重要？

我接下來要說的，是最最 X 世代的表現方式了：要是你的情緒生活是一個播放清單，其中的每一首歌曲都代表你不同的情緒呢？有些很樂觀，有些有點陰鬱，但最能讓你的身體跟著動起來的歌曲，將會成爲你生命中的決定性配樂。你的主導情緒會跟日常經驗產生共鳴，也會對你所顯化出來的事物產生影響。

但這些主導情緒，是如何變得如此具有影響力的呢？

你有能力塑造自己的生活。你的主導情緒很重要，因爲它們來自你對自己和世界的假設或信念。一旦你堅信或假設某件事情是眞的，你就是在告訴自己的潛意識，讓這件事情成爲現實。然後，你的潛意識會在背後發揮作用，造成與這些主導情緒或信念一致的情況。因此，透過有意識地選擇自己的假設或信念，你可以引導生活朝著你想要的方向前進。

它的運作方式如下：

- **堅持的力量**：你沉迷的情緒，會成爲你的現實。如果你的情緒狀態是持續以愛、豐盛和感恩的頻率在振動，那麼生命將會爲你帶來更多相同的東西。
- **匱乏與豐盛**：如果你的情緒播放清單，主要是匱乏、沒有價值或負面的感覺，那麼基本上，你是在要求更多的經驗來證實這些信念。如果你的情緒狀態圍繞著豐盛和感恩，你就會創造出與這些感受產生共鳴的體驗。
- **強化循環**：你目前對現實的感覺是什麼？生活會不斷帶給你與你主導的情緒狀態相符的經驗。如果深陷於匱乏之中，你會發現生活只會提供更多理由，讓你有這種感覺。不過，好消息是：這個循環是可逆的。一旦你將主導情緒的狀態轉變爲豐盛，生活就會開始將這些情緒反映回你的身上。

那麼，如何改變生活中反覆播放的曲目呢？關鍵在於自我覺察。用以下這句話，去進行自我評估：**我最近的主導情緒狀態是什麼？它能呼應我想要顯化的事物嗎？**

可以考慮寫一本「主導情緒日記」，或是在你的札記中，爲主導情緒保留一個書寫區塊，去記錄你每天感受到的情緒。它們能呼應你的目標和渴望嗎？如果不能，那就是時候改變了。如果發現陷入了對自己不利的情緒狀態，你可以回想之前渴望擁有的那種感覺，藉此提醒自己。沉浸在那樣的情緒之中，直到過去的情緒再次回到你的體內。

近眠狀態：通往潛意識的門戶

近眠狀態（The State Akin to Sleep，簡稱ＳＡＴＳ）是一種強大的工具，能將意念注入你的主導情緒之中。

ＳＡＴＳ是你在入睡前進入的臨界空間，彼時，你的意識會放鬆，而你的潛意識則變得更容易接近。內維爾和墨菲博士認爲，這是烙下你的渴望及塑造你的現實的最佳時機，因爲在這種狀態下，潛意識有著絕佳的接收力。

ＳＡＴＳ不只是通往潛意識的門戶。在這種狀態下，你可以有意識地選擇想要在清醒生活中體驗的主導情緒。你的潛意識沒有判斷力，它不會區分「眞實」和想像。因此，如果你在進入ＳＡＴＳ的期間，生動地感受和想像自己的渴望，這些情緒就會在你的潛意識中獲得一股牽引的力量。

舉例來說，如果你正在尋求一段快樂、迷人、浪漫的戀愛關係，就利用這個特殊的機會，去想像你坐在公園的野餐墊上喝香檳時的感覺。享受滿足、興奮，或任何你期望感受到的情緒，讓這些情緒成爲你的焦點。你正在向自己的潛意識下達強大的情緒指令。

ＳＡＴＳ之所以能夠如此有效地處理你的主導情緒，是因爲它能夠將情緒嵌入你的潛意識。請記住，你的潛意識控制了你大部分的行爲和反應。影響它，意味著你更有可能以符合自己渴望的方式去行動和思考。這會引發一個循環，在這個循環中，你的主導情緒（現在已牢牢地嵌入你的潛意識）會繼續在日常生活中得到強化。這些情緒有助於顯化你一直期望的現實。

祈禱是一種接受的狀態

與其將祈禱視爲祈求你所缺乏的東西，內維爾將它與阿布杜拉的教導相結合，將之視爲一個機會，去與已然獲得渴望之物時的感覺產生共鳴。祈禱成爲一種有意爲之的練習，讓你得以根據自己的渴望，來調整情緒播放清單。透過假設願望得到滿足的感覺，你會將自己的主導情緒基調設定爲「擁有」，而不是「想要」。

重塑：情緒的時空旅行

另一個你可以用來改變主導情緒的工具是重塑程序。透過重塑技巧，你可以重溫過去的事件，並以你希望當時能夠感受到的情緒進行體驗。大多數人都會花時間在腦海中回顧過去，思考那些讓我們不快樂、不舒服或失望的事情。透過想像重新設定你的過去，以溯及既往的方式，用快樂或成功來取代遺憾或失望。這麼做不僅會改變你對過去的感受，還可以重新設置你的情緒軌跡，影響你未來的經驗和顯化。你正在潛意識的沃土上重新種下情感的種子，爲了更符合你所渴望的現實，打下基礎。

雖然這些技巧都是有效的顯化工具，但對它們的更詳細探討，將會收錄在本書最後的額外章節部分。

練習：「活在結果之中」情緒大聲公

目的

利用你的主導情緒和SATS技巧，來對你的潛意識進行編碼，以顯化出你想要的結果。

做法

❶ **選擇你的心靈庇護所。**找個安靜的地方，讓你集中注意力，不受干擾。

❷ **為正在顯化的事物，選擇你所渴望的結果。**閉上眼睛，以生動的細節去視覺化你渴望的結果或想像的場景。

❸ **沉浸於情緒之中。**讓自己沉浸在與願望實現相關的情緒之中。

❹ **調高音量。**想像一下，你腦海中有一顆情緒音量的旋鈕。沉浸於情緒之中時，逐漸轉動旋鈕，讓情緒膨脹並包覆住你。這樣做的目的，是讓這種感覺成為

你內心世界的主角，讓它主宰你的意識。

❺ **進行夜間擴音訓練。**接近就寢時間時，記住這種被放大的主導情緒。在放鬆的狀態下，讓放大的情緒成為你入睡前經歷的最後一件事，讓它深深地植入你的潛意識之中。

「感覺」指令

我的感覺是有創造力的。

在我的靈魂深處，有一股力量甦醒了。今天，我深深體認到：我的感覺有能力塑造我的命運。

我的感覺是有創造力的。

隨著心臟的每一次搏動，我傳達著愛、豐盛和喜悅的情緒，讓它們照亮前方的道路。這些感覺是我的指路明燈，即使在人生最動盪的風暴之中，也能引領我前行。

被懷疑的烏雲罩頂時，我相信自己內在與生俱來的力量。因為每一種情緒，無論是興高采烈還是絕望，都有一個神聖的目的。它們是我旅程中的神聖信使，引導我更接近自己的生命意義。
我的感覺是有力量的。
從這一刻起，我慶祝並尊重我的感覺。它們是我的指南針，也是我的盟友。
我的感覺就是鑰匙。
事實就是如此。

「感覺」反思自問

• 回想一下，你上週感受到強烈情緒的時刻。這種情緒為你目前的道路和渴望，揭開了哪些洞察或啓示？

• 如果今天最主導你的情緒，能夠形塑你明天的體驗，你會顯化出什麼？你認可這個結果嗎？如果不認可，你比較願意放大哪一種情緒，來塑造自己的命運？

• 回想一下，某次看似負面的情緒，為你的生命帶來了意想不到的成長或改變。那種情緒是如何對你產生了幫助？它教會了你什麼？

狀態的奧祕

如果你人「就在那裡」，你就不會問「怎麼去」。你就在那裡。現在走個幾步路吧，彷彿你人就在那裡一樣。

——阿布杜拉

你的狀態，是你在任何特定時刻的情緒和心理環境，反映了你對自己和周圍世界最深的信念、感受和態度。留意它的存在，因爲你的主導狀態，創造了你的世界。用內維爾的話來說：「選擇一個愉快的狀態，直接進入，並待在那兒。我稱之爲狀態的占領；而且你要在那種狀態中思考，而不是去思考那個狀態。」

這個概念，可能是一個不容易達到的轉變。那麼，我是如何得知這個狀態概念的重要性呢？

讓我帶你體驗一場令人難以置信的旅程吧。旅程中包括了一座體育場、東尼·羅賓（Tony Robbins），以及，沒錯，眞正的火焰。想像一下，你站在一條鋪滿炭火的道路前方，充滿怒意而猛烈的高溫撲面而來。你的偉大計畫，是要赤腳走過這條熾熱的道路。

瘋狂嗎？或許吧。生命會因此而改變嗎？百分之百。

踏火前的狀態

每隔半年，轉化教練東尼·羅賓就會舉辦一場充滿活力與轉化力的大型研討會，會有來自世界各地的一萬五千人參加。踏火是這個體驗的一部分，象徵面對和克服深層恐懼的力量。我當時覺得自己停滯不前，便決定參加這個賦權活動，來挑戰自己的界線，發掘新的個人潛力。我之所以會舉辦國際靜修營，是因爲我相信引導式沉浸體驗的力量。

在第一次參加這場活動之前，我經歷了由恐懼、焦慮和懷疑混合而成的情緒。我允許自己隨時選擇退出，然後決定了「不要！」——我不要踏火。恐懼的念頭，在我腦海中盤旋：「這很危險，萬一我被燒傷了怎麼辦？」我的注意力重心是潛在的痛苦，而不是轉變。我的身體／生理狀況怎麼樣？肩膀下垂和呼吸短淺——這些都是恐懼狀態的明顯表現。

內在齒輪的改變

然後我就振作起來了。我想起了自己是誰，自己屬於誰。我體現了自己的「我是」意識，也就是阿布杜拉典範。我站直了身體，深呼吸，藉此肯定自己的生命，並將注意力從恐懼轉到：一旦抵達火路的另一頭，我會變成怎麼樣的自己。

我腦海中、意識和潛意識中的語言，已經從「萬一我被燒傷了怎麼辦」，變成了「誰都阻擋不了我」。

踏火與改變

踏出第一步，踩上散發著火光的灰燼時，神奇的事情發生了。恐懼瓦解了。腳下的火焰、遠處的歡呼聲、我的心跳，交織成了一首交響曲、一首歌曲、一首詩。宇宙。我沉浸在這場有著火花的體驗之中。我的先祖就在身邊，我感受著那份熱力、那份興奮、那份超越。我沒有在想下一步；我就是自己的步伐。不知不覺中，我已經毫髮無傷地跨越到了另一頭。我的狀態從恐懼，轉變成爲無限的可能性。

踏火，不僅僅是讓腎上腺素激增而已。這是一堂課，讓我得以了解自己現在的狀態，以及我有能力去改變整體現實。踏火是阿布杜拉「假設」教誨的體現。我假設了一種新的狀態：恐懼不再對我產生影響，而那種狀態顯化爲賦權體驗，進而打破了我過往的極限。

走過燒紅炭火的經驗，就是「願望成眞感」的具體顯化。一如阿布杜拉給內維爾的建議，在踏火之前，我接受了嶄新狀態的感受、信念和態度。我已經成功了，並且視覺化了毫髮無傷走過炭火之後的自己。我感受到了踏火之後帶來的喜悅、解脫和賦權，我把這些感受帶進了實際的體驗之中。

我轉變到了一種嶄新的狀態，而我的外在現實（在這裡，指的是那些灼熱的煤炭）別無選擇，只能適應嶄新的意識狀態。如今，這種事情我已經做過好幾次了，而我把這一次的踏火，視爲在生命中遇到的任何挑戰或渴望的隱喻。

克服障礙或實現夢想的關鍵，就是要改變自己的狀態，以符合「願望已然實現的感覺」。一旦完成了這件事，現實就必須與之對應。眞正的挑戰，不是火焰或灼熱的煤炭，而是你目前所處的狀態。一旦掌握了自己的狀態，你就掌握了自己的世界。

想改變現實，得先改變狀態

將你的狀態想像成一個調色盤，每一種顏色代表不同的感受、信念和態度。你創作出來的畫作（也就是你的生命），取決於你所選擇的顏色。如果你用畫筆沾上了愛、豐盛和正面的色彩，就會顯化出有活力、令人感到滿足的現實。但如果你選擇的是恐懼、匱乏和負面的情緒，那麼生活可能會讓人覺得有些陰鬱。

人生是一場永不停歇的旅程，我們不斷穿越各種狀態。你在外在世界所經歷的一切，都是你的內在世界（你的狀態）的映照。世界映照出了你意識裡的那些內容。

假設你處於匱乏的狀態——總是擔心自己擁有的還不夠。你可能會注意到，現實似乎證實了這一點：機會少之又少、帳單堆積如山、財務自由就像是遙遠的夢想。讓我們換個角度來看：不要將這些情況視爲印證了你的匱乏，而應該把它當成是對當前狀態的**映照**。要改變你的現實，得先改變你的狀態。

「但是要如何改變我們的狀態呢？這件事看起來是多麼巨大啊！」你可能會這麼問。的確，這可能會讓人感到害怕，但也充滿力量，因爲你掌握著通往自身現實的鑰匙。

要改變你的狀態，需要先改變你的感覺、信念和態度。將你的注意力，從匱乏轉移到豐盛、從恐懼轉移到愛、從不可能轉移到可能之上。進入到這樣的一種狀態之中：你感覺到，並且也相信，自己渴望的現實已然存在於此時此刻。讓自己沉浸在伴隨著渴望得到實現的喜悅、感激和滿足之中，然後看著你的外在世界，開始去對應你的嶄新狀態。

鏡子原則：反映你的狀態

偉大的蘇菲派詩人魯米（Rumi）曾說：「昨天的我很聰明，所以我想改變世界。今天的我很睿智，所以我正在改變自己。」爲了理解和重視狀態的力量，讓我們看看內維爾經常談到的一個基本原則：鏡子原則。

你的世界是一面鏡子，映照出你的內在狀態。

一如內維爾所說：

> 不要試圖改變世界，因為它只是一面鏡子。人類試圖用武力去改變世界，那就像打破鏡子來改變自己的面貌一樣，是徒勞無功的。離開鏡子，去改變你的臉。別打擾世界，去改變你對自己的看法。如此一來，你就會滿足於那個鏡像。

這是什麼意思呢？照鏡子時，你看到的影像就是你的倒影。鏡子不會改變、判斷或抗拒，只是如實反映出眼前的事物，就像我們遇到的人、我們的經歷及我們的機遇，通常都會映照出我們的內心狀態，毫無任何改變或判斷。

如果在照鏡子時，你發現有一根頭髮亂了，你不會試圖去改變鏡中的自己，對吧？不會，你會整理頭髮，而鏡子就會反映出這個變化。如果你想改變自己的環境，與其試圖去操控鏡像（你的外在環境），不如去改變源頭，也就是你的內在狀態。

舉例來說，如果你處於孤獨的狀態，該怎麼辦？在這種狀態下，你可能會把世界視爲孤獨的所在，你跟他人的關係非常淡薄。你可能會遇到看起來很冷漠或難以親近的人，而這些經驗都強化了建立關係的困難。

即便如此，這並不能證明世界是孤獨的，這都只是你孤獨狀態的映照。世界是一面忠實的鏡子，會反射出你的孤獨感，創造與你內在狀態相符的體驗。**鏡子原則，有時可能是一粒難以下嚥的藥丸**，因爲它會將自身經歷的責任，放在我們的肩上，但同時也**具有令人難以置信的賦權力**——你擁有改變自身現實的力量。

所以呢，如果你將自己的狀態，從孤獨轉變爲連結和愛，並在內心感受到它，那麼一如鏡子的世界，將反映出這種新的狀態。你可能會注意到，人們變得更加平易近人、出現了與人產生連結的機會，並且跟他人之間形成了更好的關係。

改變始於內心，世界將其映照給我們。透過調整自身的狀態，來反映自己的渴望（感受到被愛、成功和豐盛），我們就能改變**世界鏡子中的倒影**。

改變狀態，**與意志力或強迫自己要正面無關**，而是關乎**感受和信念的眞正轉變**，這是一場美麗而賦權、有意識的創造之旅。

改變你的狀態

改變狀態的第一步，是自我覺察。留意自己的感覺、想法和反應，不帶判斷地去觀察，認清自己目前所處的狀態。一開始可能很困難，因爲我們通常不假思索地度過每一天，完全沒注意到感覺和信念對自己造成的影響。但透過練習，你會變得更了解自己的狀態。

一旦確定自己目前的狀態，就坦然接受。不要與之對抗，或者自我批判。接受，並不表示你想保持這種狀態，但它確實表示，接受這件事情，是你要做的第一步。你無法改變自己不願意接受的事情，所以接受自己的狀態，是至關重要的一步。

有趣的地方來了：轉變自己的狀態，這就是法則和假設的作用所在。如你所知，所謂的假設，就是假設出那種你的願望已然實現的感覺。

如果你的渴望，是在人際關係中感受到更多的愛和連結，就別再等世界提供更多相關證據，現在就假設出這種感覺，讓自己沉浸在良好人際關係所帶來的溫暖、喜悅和安全感之中。如果你想要假設出一種自己不熟悉的狀態，那就想像一下吧。想像你給予孩子或心愛寵物的那種無條件的愛，讓這些感覺滲透到你的存在之中，直到成爲自然而然的狀態。

這種狀態的轉變，不是一時的。並不是說你每天做個幾分鐘，然後再回到原來的模式，就可以辦到。要改變狀態，請持續體現你渴望的感覺和信念，使之成爲你新的正常狀態。

改變狀態，並不總是一帆風順，一定會有懷疑的時候，屆時陳舊的信念就會浮現，並且爲你的嶄新狀態帶來挑戰。但是沒關係。

輕輕地引導自己，回到你所渴望的狀態之中。提醒自己，你有選擇自己狀態的力量。再次給予自己力量，讓你能夠專心一意地體現想要的感覺和信念。

以下是一些改變自我狀態的方法，將你覺得有共鳴的加入日常實踐吧。

- **用心觀察：**這個練習，是要讓你覺察當前的狀態，從每天花點時間覺察自己開始。留意你的感覺、想法和反應，留意內在的對話，那些常被忽視、反覆出現的想法和信念。在這個階段，不要試圖改變任何事情，只要觀察就好。

• **寫札記**：每天抽出幾分鐘，寫下你的感覺、想法和體驗。久而久之，你會發現一些模式和重複出現的主題，在在顯示出你的潛在狀態。

• **「我是」練習**：寫下一系列符合你所渴望狀態的「我是」陳述句。舉例來說，如果你想要體現豐盛的狀態，你的陳述句可能包括「我是豐盛的」「我是值得財富的」「我總是在創造榮景」。每天對自己重複這些話，在說的時候去感受其眞實性，讓這些字句滲透進潛意識，開始塑造你的狀態。

• **視覺化**：每天花點時間，閉上眼睛視覺化出你渴望的現實。調動你的五感，在這個現實中，你能看到、聽到、摸到、嘗到、聞到什麼？你有什麼感覺？你的視覺化越生動，就越能有效地影響你的狀態。

• **枕頭法**：躺下睡覺時，向自己確認你想要的狀態。入睡之前，你的意識思維比較不活躍，而你的潛意識則會變得更容易接受。你可以使用自己的「我是」陳述句，或只是體現願望已然實現的感覺。在半夢半醒之間，維持這種狀態。

• **鏡子法**：站在鏡子前，看著自己的眼睛，明確地去感受你渴望的狀態。看著進入嶄新狀態的自己，你可以藉此強化對渴望現實所抱持的信念，並加速狀態的轉變。

掌握狀態時，常見的誤解跟挑戰

誤解①：這是在否認現實

要明白：改變你的狀態，並不是要你忽視或否認目前的現實，而是要接受你目前的情況，並有意識地選擇將注意力轉移到你渴望的現實之上。

怎麼辦：第一步，就是坦然接受。接受自己的感受和情況，但不要沉迷其中。將它們作爲成長基礎，讓自己逐漸朝渴望的狀態前進。

誤解②：正向思考就夠了

要明白：雖然正向思考可以幫助改變狀態，但單靠它是不夠的。眞正的改變，需要解決你潛在的信念和感覺。

怎麼辦：將正向思考與更深層的情緒工作結合，使用視覺化、肯定句和陰影工作等方法，來體現你所渴望狀態的感受和信念。

誤解③：我的現實會立即改變

要明白：改變你的狀態，的確可以讓你的現實發生變化，但不一定總是能立竿見影。

怎麼辦：要有耐心，並且相信這個過程。要意識到，你正在改變長期存在的模式和習慣。將注意力集中在你渴望的狀態上，並讓轉變逐步發生。

挑戰④：難以相信自己的嶄新狀態

要明白：轉變到一個明顯不同的狀態，看似相當不切實際。

怎麼辦：從微小可控的轉變開始。目標是從你目前的狀況出發，從雖然稍微有些距離，但並非無法做到的目標開始，再逐漸實現更重大的改變。

挑戰⑤：不斷回到原來的狀態

要明白：恢復到原來的狀態相當常見，尤其是在這個過程的早期，因爲你正在努力改變根深柢固的模式。

怎麼辦：對自己展現出同理心和耐心。要明白，後退是這個過程的一部分。不斷引導自己回到渴望的狀態，久而久之，在做這件事情時，你會變得更加嫻熟和自然。

練習：狀態顯化法

❶**界定你的渴望。**你的渴望，是你透過顯化過程想要實現的「什麼」。你想要的是什麼？盡可能具體和詳細地界定。

❷**界定你目前的狀態。**你目前的狀態，是你對自身渴望所抱持的信念和感受。覺察你目前的狀態，以了解你需要改變什麼。

❸**打造你想要的狀態。**你想要的狀態，就是願望已然實現的狀態。如果你的渴望已經實現，你會有什麼感覺？你會抱持什麼樣的信念？這就是你渴望的狀態。

❹**進入你渴望的狀態。**運用之前討論過的技巧：視覺化、「我是」陳述句、用心觀察，開始體現你想要的狀態，感受願望已然實現的感覺。

❺**堅持你渴望的狀態。**堅持是關鍵。繼續體現你渴望的狀態，即便你的外在現實沒有立即反映出來。

❻**臣服於結果。**臣服於結果，意味著相信你的渴望會以最好的方式實現，而不是執著於怎麼或何時實現。

❼**意識到並慶祝顯化的完成。**渴望得到顯化之後，意識到它的出現，並表達感激。這會增強你對這個過程的信念，並使你更容易顯化未來的渴望。

並不是只做一次就好，你要不斷改善這個流程。

「狀態」指令

今天，我擁抱這樣的事實：我是現實的創造者。我接受，目前的情況只是我內心狀態的映照，這種狀態包括我的信念、想法、感覺和態度。我接受這個事實，不帶批判，而是帶著智慧，明白我有能力透過改變狀態，來改變我的世界。

我有意識地選擇，讓自己的思想、感受、信念和態度，呼應我的渴望。愛、興旺、健康、成功與和諧，現在是我的自然狀態。我陶醉於這種狀態中，隨時維持這種狀態，並心知它塑造了我的世界。

即使沒有立刻看到結果，我也會堅持下去。這樣的堅持，奠基於我所理解的信念。我很有耐心，因為我相信無限的智慧和完美的時機。我將自己的渴望交給神性，並相信祂會幫忙做那些為我好的事情。

今天，以及從今爾後的每一天，我都體現了我所選擇的狀態。這是我對自己的承諾。我是我的狀態的主人、我的現實的創造者、我的生命的藝術家。

「狀態」反思自問

• 在你目前的狀態中，有哪些主導情緒、信念和態度，又如何反映在你目前的處境中？

• 想像自己活在渴望的狀態中。你注意到自己的想法、感受、信念和態度，發生了哪些變化？你的生活與現在有何不同？

• 回顧過去的一次經驗，因為狀態的改變，致使你的環境也隨之產生變化。你從那次的經驗中學到了什麼？

振動的奧祕

神是愛，就只是愛。

——阿布杜拉

一切都是振動。只要在威力夠強大的顯微鏡下觀察，萬事萬物都在移動。一切（包括我們的思想和情感）都是以特定頻率在振動的能量形式存在。這些振動不單單只是抽象的想法，還會影響我們的體驗，並塑造我們的現實。正如新思想牧師麥可·柏納德·貝奎斯（Michael Bernard Beckwith）所言：「注意力在哪裡，能量就在哪裡。」或者一如內維爾所說：「正如你所想像的，你會產生振動，並召喚出你想像的東西。」

你看過音叉或頌缽演奏嗎？我會利用這些東西，來幫自己和他人進行聲音治療。在敲擊頌缽或音叉時，它們會以特定的頻率振動，並產生與該頻率相符的音調。在透過自己的狀態、思想和情緒發出特定的振動頻率時，你就會創造並吸引與該頻率相協調的經驗和環境。換句話說，就是同類相吸。

你的思想和情緒的振動頻率，就像一塊磁鐵，會吸引與該頻率產生共鳴的經驗和環境。透過有意識地調整自己的振動頻率，我們就可以顯化出想要的經驗和結果。讓我們的振動頻率與想要的結果保持一致，該結果就更容易在我們的生活中顯化。潛意識所抱持的信念，塑造了我們的振動頻率，影響了我們創造的生命經驗。

不要去問「我需要做些什麼，才能得到我想要的東西」，而是要問「我需要**成爲**怎麼樣的人，才能**創造並呼應**我想要的東西」。

維持高頻狀態？

正如前幾章中所討論的，「維持高頻的狀態」，可能會被誤解爲不切實際，或是正向思考到了愚蠢的地步。在阿布杜拉「振動的奧祕」的語境中，對此存在著更豐富的理解。

與其寄望於無法實現、亙久不變的快樂狀態，不如想想思緒、信念、情感，和振動頻率之間的舞蹈吧。情感是能夠跨越自然光譜的。

我要說的是，調整你的能量，讓它呼應你渴望的結果。調整的用意在於，你要意識到自己的情緒狀態，會影響你所發出的振動頻率。然後這股振動頻率，會再跟你周遭的世界產生互動。

我們的目標，不是要維持不變而虛假的正向樣貌，抑或逃避挑戰或負面情緒，而是爲了要讓你能夠有意識地指揮自身的振動頻率。上天召喚你來到這裡，是要讓你利用自身情緒和想法的能量，塑造出想要的現實。哈佛大學神經學家吉兒·泰勒（Jill Bolte Taylor）博士，曾以「你要爲自己身上帶著的能量，負起責任」這個觀點，給了歐普拉一個巨大的「頓悟時刻」。泰勒博士解釋：「一個人對環境中的某些事物產生反應時，體內會出現九十秒的化學過程。在那之後，任何留下的情緒反應，都只是這個人選擇留在那樣的情緒迴圈之中。」

聽起來荒誕不經？

關於振動，一個有趣之處在於，在一些知名作品中，圍繞振動的爭議不斷。在成功學之父拿破崙·希爾（Napoleon Hill）的暢銷書《思考致富》（*Think and Grow Rich*）和開創性的電影《祕密》中，最初都提到了振動的概念。然而，由於擔心振動的概念會被認爲過於深奥或「荒誕不經」，因此在最終的版本中被刪除了。

儘管如此，《思考致富》和《祕密》都跟振動法則產生了共鳴。

有趣的是，這一切都非常符合科學：

- 波理論（Wave Theory）涵蓋了聲音和光如何以波的形式運動，與形而上學中的振動概念相吻合，因爲兩者都涉及能量會以特定的型態進行運動的方式。
- 在樂器和橋梁等物體中發現的共振顯示，一旦振動相似，彼此之間會互相強化。
- 在量子力學中，粒子不被認爲是固體，而是被稱爲「波函數」的型態所描述的可能性。波函數的運作原理，類似於振動性的結構，並且會影響粒子的行爲。
- 弦理論認爲，宇宙的基本組成部分是微小的、會振動的弦。每種振動都代表不同的粒子，這顯示振動是現實運作的基本組成部分。

想法和信念的振動頻率

就像某些歌曲可以喚起特定的情感，你的能量振動，也會吸引與你的想法和信念產生共鳴的體驗。就像不同的聲音有不同的音調，每個想法和信念都帶有自己獨特的

「振動」或能量頻率。這些振動就像是訊息，會跟我們周圍的世界產生互動，並塑造出我們的體驗。你正在一場名爲「人生」的大型音樂會上，演奏自己獨特的樂曲。

最酷的事情是，你可以轉臺！你有能力改變自己的想法和信念，創造不同的能量振動。如果專注於正面的想法，想像你的目標正在實現並相信美好的事物，你就得以進入能量更高的頻道。更高的振動頻率，將創造出對應你的正向能量體驗。

練習：提升振動的方法

在這條路上，用不著著急。你是值得去擁有的，你的渴望是可以實現的。

做法：

- **覺察：**先輕輕地留意你目前的感受，怎麼樣都沒關係，不須批判。只要覺察你當下的情緒，以及背後的想法。
- **感恩：**每天花點時間回想讓你覺得感恩的事情。這個簡單的練習可以提升你的精神狀態，打開正能量的大門。

- **視覺化：**閉上眼睛，想像夢想成真。感受喜悅，看見細節，讓這個願景使你的內心充滿興奮之情。
- **肯定句：**創造與你內心的渴望產生共鳴的肯定句，並以愛和堅定的信念複述。久而久之，這些正面的陳述將慢慢改變你的信念。
- **靜心冥想：**找個安靜的空間，舒適地坐著，暫時拋開外界的一切。在這個寧靜的空間中，與內在的自我連結，讓你的振動自然而然地提升。
- **讓自己被正能量包圍：**選擇能鼓勵你的夢想、啓發你的靈魂的對象。你身處的環境為你的振動頻率扮演重要的角色。
- **身強體健：**透過營養的食物、運動和休息，來愛護你的身體。健康的身體能為更高的振動頻率提供良好的基礎。
- **好好呼吸：**花點時間深呼吸，吸入正面的情緒，呼出緊張或負面的情緒。你的呼吸是提高振動的強大工具。
- **釋放抗拒：**相信生命的流動，放下任何抗拒，以開放的心胸擁抱冒險。要知道，神性正偷偷地要讓你的渴望實現。
- **練習愛自己：**以你在對待他人時所付出的愛和仁慈，來對待自己。敞開心胸愛自己，是提升振動頻率的好方法。

「振動」指令

隨著每一次的心跳，我都能輕鬆地因創造的能量而振動。

我選擇與成功、豐盛和正向產生共鳴的信念。這些振動頻率會以和諧的顯化形式產生迴響，回到我的身上。

我運用想像力創造出充滿色彩、質感和活力的生活。

我與創造的交響樂產生共鳴。在喜悅、感激和平靜的時刻，我創造了一種能呼應我的渴望的共鳴。在挑戰出現時，我認可它們帶來的教訓，並將它們的能量轉化為成長和理解。

為了感謝這些知識，我用一千個聲音的振動，來宣告我的意念，而這些聲音都在時間和空間中和諧地迴盪。今天和每一天，我都認定自己是振動的大師、能量的導體，以及命運的創造者。

事實就是如此。

「振動」反思自問

- 你要如何透過有意識地改變自己的振動頻率，來吸引和創造更正向和良好的體驗？
- 哪些信念和思考模式可能會阻礙你的顯化，而你要如何去改變它們，來實現你渴望的結果？
- 你可以透過培養哪些日常儀式或習慣，讓你的振動頻率對應你的渴望？

活在結果之中的奧祕

我是看到你——現在這個你——搭三等艙去巴貝多嗎？
你人就在巴貝多，而且你是搭頭等艙去的。

——阿布杜拉

我試著與阿布杜拉討論，我說：「阿布杜拉，我做了你要我做的一切。我在巴貝多穿上衣服，我在巴貝多進入夢鄉，但我人卻依舊在這裡，在紐約。」他不肯跟我說話。我第一次提起這件事時，他就轉過身去，朝工作室走去，當著我的面重重關上了門。如果你對阿布杜拉的了解像我一樣深的話，你就會知道，那可不是在邀你進門。

——內維爾

砰！關上門，關上懷疑和不相信的門。砰！關上門，關上恐懼和不安的門。砰！關上門，關上干擾和負面情緒的門。

「活在結果之中」，意味著表現得好像你已經擁有了想要的東西，即便這件事還沒有發生。你完全相信並感受到，成爲理想的自己或身處於你想要的境地，是什麼樣的感覺。

內維爾試圖透過假裝的方式，也就是在腦海裡想像自己人已經在巴貝多，來做到這件事。在他開始對這件事產生懷疑時，阿布杜拉什麼也沒說，只是轉身走開，關上了門。他藉此告訴內維爾，要繼續相信自己人在巴貝多，縱使這件事看起來並不真實。

「活在結果之中」是顯化渴望強而有力的方式。一旦相信並感覺自己已經得到了想要的東西，你的想法、感覺和行爲都會表現得這件事彷彿已經成眞。然後，你的高我跟神性、充滿無限可能的能量場，就會共同創造出你所渴望之物。這就是法則。

想像力就像魔杖，能讓事情發生

光是想像想要什麼，是不夠的。你必須完全相信，它已經是你的了。你要繼續過著彷彿已經得到了想望事物的生活，即便這件事看起來並沒有發生。

這時候，我們就是在做一件神奇的事情！

想像一下：你想要體態得宜、身體健康。你的思緒不再專注於過程中的困難，或者還需要走多遠的路，而是開始過著彷彿已經達到健身目標的生活。作爲體態得宜、身體健康的人，你會讚揚每一次的鍛鍊，並吃下充滿活力、營養豐富的食物，彷彿那是你完美又健康的身體所需的燃料。你望向鏡子，看到一個體態得宜、身體健康的人回望著你。你活在理想的健身結果之中，感覺棒極了。

或者，假設你的夢想是升遷。你不再因爲前進道路上所遇到的障礙而感到壓力，而是開始體現你渴望的角色。在處理案子時，你非常有信心，彷彿已經得到了那個職位。你的一舉一動、舉止談吐、與他人的互動，就好像你已經升職到更高一階了。你的穿著、思維、感受，無不與那個職位相稱。不知不覺中，你就不再追逐升遷了——是升遷在追逐你！

活在結果之中，意味著你不再只是想像夢想，而是感覺和言行都表現出夢想已然成真。活在結果之中，是指讓你的想法、感受和行動，去呼應你渴望的現實。一旦這麼做，我的朋友，美好的魔法就會降臨！

讓我們回過頭來，回到想像的力量。我們討論過，想像力不僅是思維的遊樂場，也是創造的神性工具。想像力就像一根魔杖，可以讓事情發生。想像爲顯化創造了內在的藍圖。

祕密的力量

將祕密的神聖力量，融入活在結果之中，可以讓顯化加速。透過對願景的祕而不宣，你可以爲自己的夢想創造出屬於個人的神聖空間。這種做法呼應活在結果之中，因爲它能讓你在沒有外在干擾的情況下，完全擁抱自己的目標。這能讓你與所渴望擁有的結果之間，建立起更牢固、更不受干擾的連結。

深入閱讀約翰．麥可唐納的《大師的訊息》（*Message of a Master*），你會發現一個熟悉的聲音，可能會讓你想起阿布杜拉的教誨。據說麥可唐納是阿布杜拉的學生，而麥可唐納所說的大師，疑似就是在向阿布杜拉致敬，也是在向歷史書頁與靈性賦權示意。和阿布杜拉一樣，麥可唐納的「大師」挑戰並激勵我們釋放內心潛在的力量，讓我們看到了信念與現實之間的連結。

這本書講述了一個男人，因爲遇到一位神祕、開悟、被稱爲大師的人物，而有所轉變的故事。這本書強調內在世界和外在現實之間的連結，也強調了信念、視覺化和目的明確的行動，在顯化裡的重要性。

在書中，大師提到，**在實現夢想和目標之前，最好先保密**。他認爲，太早跟別人談論，會消耗你的能量，讓你更難達成。此外，分享的行爲可能會招致他人的負面評論或懷疑，進而使你心情低落；有些人甚至會把自己的恐懼強加給你，讓你自我懷疑。大師相信，將計畫保密，可以讓你更專注，並避免負面的情緒。這個想法，聽起來可能跟我們這個時代的認知不同。如今，人們普遍認爲，我們應該要跟他人分享自己的目標，藉此表示我們願意爲此負起責任。先前，我去做試管嬰兒時，我只有告訴生活裡少部分的人，因爲我覺得自己在情感上並沒有強大到足以面對他人的批判或抨擊，我怕自己會因此而無法堅守信念。

祕密的力量，在於培養與內在自我的關係。在這種關係中，你的渴望會得到保護、相信和顯化，而不會被外在的聲音弱化。如果尊重自己內在的神聖空間，你就會強化自己的顯化力量。

擁抱「假設願望已然實現」的概念

想像一個生動逼眞、栩栩如生的白日夢，在這個夢中，你不只是在看一部電影，而是身歷其境，生活並體驗著每一刻。這比虛擬實境更好——它是眞的。你正在體現喜悅、感激、滿足——每一種隨著你的渴望成眞而產生的情感。透過這麼做，你會將這些感受銘記在潛意識中，而潛意識則會將之視爲現實，這就是假設願望已然實現的感覺。

爲什麼這種做法如此強大？因爲你的潛意識無法區分眞實事件和生動想像之間的差別。曾經看過讓你無法忘懷的電影或新聞故事嗎？透過假設你的願望已然實現的感覺，你正在將潛意識與你的有意識渴望結合，爲顯化奠定了基礎。

現在你知道，視覺化是影響潛意識的強大工具，而最好的例子，來自頂尖高手的世界。想像太空人爲了上太空，或是奧運選手爲了贏得金牌所做的準備——他們都利用了視覺化的力量。他們明白潛意識（大腦裡的幕後工作者）無法明確判斷想像是眞是假，因此，這些太空人和運動員會告訴自己的潛意識，成功即將到來。而這麼做，強化了他們的實際表現。

練習：感覺它是真的

目的

透過邀請情緒共同參與，來加強你的顯化力量。

情緒，是你的身體和宇宙神性思維所能理解的語言。感受到夢境裡的真實之時，你不只是在繪製一幅畫，而是進入並生活在其中，並使其成為現實。

為什麼將感覺融入視覺化如此重要呢？感覺就像是讓夢想長出血肉的祕方，能夠提供將想法化為現實的能量。在將強烈而正面的情緒，與你的視覺化畫面結合時，你就會放大自己發出的訊號，這就像在說：「嘿，這不僅僅只是我想要的東西，這是我已經擁有的東西，而且這種感覺超棒的！」

好，那要怎麼做，才能從單純的想像畫面，到實際感覺到它的逼真呢？

做法

❶**創造你的神聖空間。**找個安靜、舒適、不會被打擾的地方，作為你的顯化聖殿。

❷**放鬆。**閉上眼睛，深呼吸幾次，讓身體放鬆。這種平靜的狀態，就像是讓你的顯化火箭得以升空的發射臺。

❸**視覺化。**想想你想要創造的現實，看到栩栩如生的細節。它看起來是什麼樣子？誰和你在一起？你在做什麼？畫面越清晰越好。

❹**激發你的情緒。**好，這就是奇蹟要發生的地方了。將你的注意力從夢想的樣貌，轉移到夢想帶給你的感覺。如果你正在想像夢寐以求的事業，請感受提出一

個成功的專案帶給你的興奮感，或是領導一個團隊帶給你的滿足感。如果你正在想像的是一個新家，請感受接待朋友的快樂，以及能讓你舒服自在的坐禪空間所帶來的舒適感。讓自己完全沉浸在這些情緒之中。

❺ **相信它，並讓它進入你的現實生活。**即使在視覺化過程結束後，也要保有這些感覺，開始過著彷彿你的夢想已然實現的生活。這就是「感覺它是真的」的意思。

練習：學習「活在結果之中」

目的

學習如何發揮你的想像力，喚起由此而生的強烈感受，並活在結果之中。

做法

- **引導視覺化練習**：這是個簡單的入門過程：找到一個安靜、舒適的地方，然後閉上眼睛。做幾次深呼吸，放鬆。清楚地想像你渴望的結果，它有著什麼樣貌？那裡面有誰？你在做什麼？

現在，將你的注意力從它的樣貌，轉移到帶給你的感覺。如果是一個新家，請感受搬入的喜悅，以及裝飾每個房間的興奮。

盡可能長時間地維持這種渴望得到滿足的狀態。越常練習，就越容易辦到。

・**札記練習：**這裡提供你一些合適的開頭：「今天，我實現了夢想……那時的感覺真的是太美妙了……」

在空白處寫上你的渴望，以及實現時的感受。用現在式寫，彷彿這件事情已經發生了一樣。這裡的關鍵，是重溫與願望實現之時相關的感受。

・**扮演未來的自己：**這個練習，將幫助你體現活在結果之中的感覺，有點像是在演戲，你要在自己的人生中扮演主角。

❶選擇一個特定的時間範圍（也許是一個小時或一整天），在這段時間裡，你要充分表現得彷彿渴望已然顯化。

❷準備一些象徵成功的道具或物品。例如，如果你要顯化新生兒，請準備好你的媽媽包。

❸角色扮演的過程中，在跟環境和周圍的人互動時，要表現得像是你的願望已然實現。用「未來的自己」這個身分去說話、表達情緒、做出決定。

❹觀察別人是怎麼回應你的，並記下心態和信心的變化。

❺結束角色扮演之後，花一些時間反思。你是否發現任何能夠對應最終結果的新感受、新想法或新行為？讓這些東西成為你日常生活的一部分。

扮演未來的自己，不僅可以幫助你練習「活在結果之中」，還可以讓你清楚了解到，在顯化了渴望之後，生活會是什麼樣貌。越能讓角色扮演狀態成為日常生活的一部分，活在結果之中的感覺就會越自然。

耐心、信任與信心的作用：學習等待與相信

在試圖實現夢想時，你自然而然會問：「這件事什麼時候會發生？怎麼還沒發生？」有時我們都會覺得不耐煩，但顯化往往需要時間。把它想像成舞蹈：你必須知道什麼時候該引領，什麼時候該跟隨。

這裡的耐心，並不表示只是坐著乾等。如果種下一顆種子，你不會每天把它挖出來，檢查它是不是有在長大。你會幫它澆水、給它陽光，讓它做自己該做的事情。這

跟你的夢想是一樣的。在想像完你的未來，並感受到隨之而來的感覺之後，你必須給夢想一個成眞的機會。

信任和信心，就是相信一切都會成功，即使你還沒有看到任何跡象。那麼，如果事情進展的速度沒有你希望的那麼快，該如何保持耐心跟信任呢？以下是一些小技巧：

- **活在當下**。生命就在此時此刻發生，正念可以幫助你重視當下，也可以讓等待變得更輕鬆。相信事情正在按應有的方式發展。
- **說聲謝謝**。感恩，可以幫助你把注意力放在已經擁有的東西，而不只是你正在等待的東西。
- **慶祝小小的勝利**。你的大夢想不會一下子實現，但一路上會發生很多美好的小事。享受吧！它們會讓你變得更有信心，相信大夢想也會跟著實現。
- **堅持下去**。繼續想像你的未來，並感受那些美好的感覺。
- **放手**。不要再試圖控制一切，只要相信神性會支持你就好。放手，能夠製造空間，讓美好事物進入你的生命。

耐心和信任，看起來可能很像是等待和期望，但其實是幫助你夢想成眞的強大力量。所以要相信自己，並且堅持下去！你的夢想不只是有可能發生而已，它們正在朝你而來。

潛在陷阱及解決方法

讓我們看看，在嘗試「活在結果之中」常會遇到的一些陷阱：

• **自我懷疑悄然而至**：你有意識而理性的頭腦，喜歡質疑事物，它可能會開始低聲質疑，說道：「這眞的有可能嗎？難道我不是在欺騙自己嗎？」

◎**解決辦法**：懷疑只是僞裝的恐懼。這很正常，每個人都會遇到，就連最成功的人都不例外。一旦沉浸在夢想實現的感覺之中，疑慮就會消失殆盡。

• **難以想像**：你可能會發現很難視覺化或「感覺它是眞的」，覺得難以創造出栩栩如生的畫面，或是喚起相關的情感。

◎**解決辦法**：如果遇到這種情況，請嘗試不同的方法。也許寫下夢想或製作願景板更適合你。

內維爾是一位藝術家和表演者，所以表現得「宛如好像」、視覺化，以及活在結果之中，對他來說都不算困難。關鍵在於，要找到一種方法，讓你能夠與自己渴望的現實產生深層的連結。翻閱本書最後的額外章節，了解如何運用愛的語言或學習風格來顯化。

• **不耐煩：**我們生活在一個即時滿足的世界。一旦夢想沒有立刻顯化，我們可能會感到不耐煩。

◎**解決辦法：**繼續練習，對現況保持感激，並知道你的夢想正在開展。

• **現實與夢想的差距：**有時候，目前的現實似乎與我們渴望的現實相去甚遠，讓我們很難相信自己的夢想。

◎**解決辦法：**請參閱下一節。

關上懷疑之門

聽著！你一直小心翼翼地去應對當下的現實，就像它是某種固定不變的東西——但它不是。

你現在所面對的，並不是一切的結局，這只是雷達上的一個亮點，一個臨時的階段。停止給予它過多的權力，是時候關上懷疑和不確定的門，以前所未有的方式來發揮你的力量。

遇到挑戰？遇到障礙？誰沒遇過！告訴你一個不開玩笑的事實：**如果你沒有活在結果之中，那麼你壓根就沒有眞正活過**。你必須相信，自己的夢想已然成爲現實。不要只是半信半疑地去做，要全力以赴。外在的世界或許會大喊「不可能」「時機未到」，或是「也許是未來的某一天」，但爲了自己，你必須成爲那個最大聲的人，然後說：「夢想已經成眞了。」

遇到絆腳石嗎？把它們當成踏腳石。你認爲挫折會讓你脫離軌道嗎？再想看看。每一個障礙，都是一個機會，讓你表現出自己有多麼想有意識地顯化出渴望的事物。所以**不要倒下**，**要讓自己揚升**。淬鍊你的注意力、堅定你的信念，然後勇敢向前衝。

現在不是半途而廢或優柔寡斷的時候，你的夢想不會無止境地等待你終於感覺到

「我準備好了」。此時此刻，它們就在等待你去得到它們；它們就在等待你義無反顧地活在結果之中，並且全心全意地相信這個過程。

你辦得到。現在就走出去，並且做出那樣的表現吧。心底如果有哪個聲音跟你說不是這樣，就把門關上，別聽它的話。你與夢想之間唯一的阻隔，就是那個你不斷告訴自己，爲什麼你不能實現夢想的故事。把它撕碎，丟進垃圾桶裡，寫一個你能實現夢想的新故事吧。

現在就去做這件事！

把門關上。

「活在結果之中」指令

我是我命運的主人。

今天，我透過此刻活在渴望的未來之中，來形塑明天的現實。我不只是夢想家，也是有遠見的人，我今天就會活在我明天的夢想之中。無論走路、說話、呼吸，我都沉浸在渴望已然實現的光輝中。我為想像的力量感到高興，它為我的未來描繪了栩栩如生的景象，讓我得以在這當下就活在那個未來之中。

隨著每一次呼吸，我都會讓自己去呼應我所渴望的生活。隨著每一次心跳，我都確認自己的願望已然實現。我認為，我所渴望的結果並非遙遠的夢想，而是此時此刻的現實，就像是已經到達目的地的旅行者。

與太陽一起升起時，我就活在這個受到祝福的現實之中。我不僅在最後取得了勝利，也在整個旅程中都取得了勝利，因為我從結果開始生活，我將生活中的每一刻，都用來慶祝我那已然實現的渴望。

這是我所堅持的真理，這就是我所掌握的力量。我是現實的主人，我會從結果開始，實現我的夢想，我永遠自信，永遠勝利。

從這一刻開始，我會活在自己的夢想之中。

「活在結果之中」反思自問

- 如果知道自己的夢想一定會實現，你的行動會產生怎麼的改變？
- 如果你已經活在渴望的未來之中，你的日常生活會發生什麼樣的變化？
- 想想某樣你正在顯化的東西，已經實現了這個目標的人，會呈現出怎樣的言行、思維和感受？你要怎麼做，才能將這些言行、思維和感受融入生活？

操作之力的奧祕

你不知道他是誰，他也不記得自己是誰。如果知道他過去是誰，你現在就會拜倒在他的腳邊。

——阿布杜拉

「謝謝你……內在神性！」

「謝謝你……內在神性！」

「謝謝你……內在神性！」

時間是一九七五年，阿布杜拉早已不在人世；內維爾於一九七二年去世；墨菲博士在位於洛杉磯的神性科學教會（Church of Divine Science）傳道。

美國正在走出經濟衰退，世貿雙塔是新的奇蹟。那是迪斯可的時代，但嘻哈音樂已經開始在布朗克斯區的某處流行起來。

頭髮蓬鬆而時髦、眼神犀利一如詹姆士·龐德、極富魅力的艾克牧師（他是內維爾的學生），站在華盛頓高地宏偉的聯合宮殿（United Palace）的講道壇上。他的「宮殿」，之前本來是由羅氏影城娛樂公司所營運的奢華電影院，後來改造成大教堂，供他在紐約的五千名信徒（且人數還不斷增加）使用。

「神就在你的體內。」他宣稱。

會眾立刻做出了激動的反應：「謝謝你……內在神性！」

「謝謝你……內在神性！」不只是教會內的基本應答，也是肯定、認可及擁抱自身的力量。他們並不是在感謝外在的神，而是感謝自己內在的神性，那是他們有意識地顯化自身生活的力量泉源。

艾克牧師教導他的學生，祈禱時要昂首，而不是低頭。神並不遙遠，神就在那裡，就在每個人的體內。這是一種深入靈魂的領悟。他們尋求的力量已經在體內，等待著要發光。

那就是操作之力。

雖然是由前人奠定了基礎，但艾克牧師利用令人眼花繚亂及獨樹一幟的媒體表現方式，將他自己、內維爾和阿布杜拉所教授的原則，帶給了以黑人爲主的更廣泛受眾。在一九七一年，他掀開了歷史的新頁，讓麥迪遜廣場花園擠滿了信徒。一九七三年，他開闢了新天地，成爲第一位主持電視節目《生活的喜悅》（*The Joy of Living*）

的黑人宗教領袖。到了一九七五年，已經有超過一千七百個廣播電臺播放他的每日信息，而他所錄製的講道，也已有數百萬次的收聽量。在信徒的數量讓哈林區的日落影院（Sunset Theater，剛好就在數十年後我住的街區旁）不堪負荷之後，他就接管了羅氏影院，並稱之為「聯合宮殿」——他就這樣坐在了真正的王座之上。

我最近才開始聽艾克牧師的談話，因為我聽過太多貶低他的言論。現在看著他，我驚訝地發現，自己是他的靈性女兒。在他的佈道和我每週的直播之間，有不可思議的相似之處，我們甚至會說相同的肯定句。

每一句「謝謝你……內在神性」都是在大聲承認，能夠顯化幸福、健康和富足生活的力量，就在我們的體內。

批評者認為他褻瀆神明，而他回應：「如果你想找天上的神來依靠，如果你想在自身之外找到一個神來幫助自己，別妄想了！神就在你之內。一旦發現了神，你就會在自己的體內發現祂的蹤影。」

他鼓勵信眾「忘卻」社會和生命強加的限制。「忘卻疾病，知道健康。忘卻貧窮，知道富足。」為了顯化新的生活，艾克牧師建議「下定決心」跟「懂得挑剔。知道自己想要什麼，說出自己想要什麼。說話的時候，要非常明確」。

艾克牧師和他的「生活科學」頗具爭議。他對富足的宣講及奢華的生活方式，包括他擁有的多輛勞斯萊斯，都讓人瞠目結舌，引發了諸多議論。內維爾的研討會相當昂貴，因此吸引到的是更富有的聽眾。在艾克牧師的聽眾中，有許多都是新近成功人士，不過他也鼓勵包括窮人在內的所有人捐款，但不歡迎捐硬幣。

我向哈林區的年長鄰居，詢問了艾克牧師的情況，他說：「喔，他們都很生氣，因爲他讓我們上臺，告訴我們要如何得到屬於自己的東西。沒有人希望我們知道自己的力量，並聽見我們就是神。他沒有把窮人當作窮人。**他們**希望窮人繼續窮下去。」

艾克牧師說：「將一個人的眞相，與他的外表分開。看透所有的表象，看見他、他的神性自我、神在祂體內的存在。看見他的眞實模樣。眞正的身分只有一個，那就是神性的自我。」

你就是操作之力

你就是操作之力。

——內維爾

阿布杜拉教導的最重要的一課，迴盪在他所有已知的學生和門徒的工作之中，那就是我們是具有神性的，我們的使命是喚醒內在的神之力，或者一如內維爾所說：

第一個原則是：「要安靜，要知道我是神。」（詩篇46：10，新國際版《聖經》）無論發生什麼事，都要轉往內在，並讓自己靜下來。你要知道，自己的意識就是神，因此對你來說，任何事情都有可能。測試一下自己，你就會在測試中證明這個說法，然後擺脫過往信念對你的限制。

你是操作之力。這是什麼意思？你掌握著自己成功、富足和靈性幸福的鑰匙——這就是阿布杜拉典範。

無論你在啜飲早茶，抑或是沉入夢鄉，你人生的船長、你生命的唯一主宰，不是別人，就是你自己。

回顧自己的人生，我看到很多責備、內疚和受害者意識的例子。我責怪母親不理解我、父親有時會缺席、前男友們毀約、醫師誤診、兒時鄰居讓我覺得自己像個邊緣人。我恨五年級的數學老師，因爲他讓我開始害怕數字；我也恨高中時的競爭對手，因爲她們讓我對自己的膚色感到自卑。

沒錯，所有的這些事情確實都發生了，但時至今日，我選擇了一個不同的視角。

我利用寬恕的療癒力量，來化解過去的傷口。我修改並重新定義了那些痛苦的經歷，並以此作爲墊腳石。我不需要等待別人來解決問題。

現在的我，透過一個又一個的時刻、一個又一個的想法、一個又一個的信念，來創造自己的生活。你也可以這樣做！

你們都是神

大寫的神（Gods）、上帝、無限、絕對、終極的萬物之源，將我們塑造成祂美好的映照。神傾注在我們身上、恩賜給我們神聖的饋贈——生命的主權。我們不只是人生的旁觀者——不是，親愛的，我們是積極的參與者，我們的體內擁有創造的力量。

但轉折點來了：我們都是小寫的神（gods）。不要輕忽這一點，因爲這件事跟自我無關，而是關乎每個人體內活躍的神性力量。

我爸爸是一位牧師，有時我們會在家裡做教會的禮拜。我記得十二歲時，他在佈道時說：「神不是住在天上的人，祂就在你的體內。」這個簡單的概念，改變了我的一切。

所以，小寫的神代表什麼意思呢？我們都在神的體內，而神也在我們的體內。

大海裡的一滴水，依然是大海；樹上的一片葉子，依然保有樹的智慧；神的一絲火花，依然是神。你有能力從內而外，改變自己的生命。你日復一日、每時每刻，都在創造自己的傑作。在這神性的創造之舞中，我們都承認自己是小寫的神，於是「超意識」這個角色就出現了。這就像是通往神性智慧和力量的直接線路，這是意識的最高形式，個人自我與宇宙自我在此融合爲一。所謂的超意識，關乎的是挖掘更深層的宇宙本源。

一旦與自己的超意識產生連結，你就與塑造恆星和旋轉星系的力量有了連結。這是你的個人意念跟宇宙眞理相逢之地，在這神聖的空間裡，我們不只是在顯化自己的渴望，更是在與神性共同創造。這使我們不僅能夠得到想望的東西，還能夠得到呼應群體利益的東西。

擁抱超意識，意味著超越平凡，進入一個每天都會發生美妙奇蹟的境界。擁抱超意識，就是意識到，活躍於自身體內的神性力量，跟無限是一體的。透過利用這種更高的意識，你就可以釋放眞正的潛能去創造、改變，並且過上自己注定擁有的生活。

憶起真實的自己

上個世紀末，甫從大學畢業的我前往洛杉磯，想要成爲演員和作家。在被告知我的膚色太深、體型太胖，甚至腦袋太聰明之後，我心碎地回到了家，所有的幻想都破滅了。我想要做的是表演、寫作、拍電影，以及教授賦權的課程。

我將文字作品整理成了一首嘻哈風格的「舞蹈詩劇」——這個術語源自美國劇作家及詩人安緰札奇．襄給（Ntozake Shange）。我在完成作品的幾年前認識了她，之後一直很喜歡她在做的事情。我曾經是青少年饒舌歌手，而嘻哈是我帶著詩意的愛。我跟朋友安托伊．格蘭特（Antoy Grant）合作了一齣由三名女性演出的劇目，後來成爲《女神之城》（*Goddess City*），如今被公認是世界上第一齣嘻哈舞臺劇。

該劇假定有三位女神前來拯救地球，卻忘了自己的女神身分。她們必須經歷塵世女性的各種痛苦經歷，才能憶起自身的眞相。

不覺得聽起來很熟悉嗎？

每當有人問我們爲什麼可以如此成功，我經常會說，身爲二十多歲的女性，我們不明白自己爲什麼不應該像這樣功成名就。我們繼續前進，就好像我們是操作之力一樣，並發現自己得到許多傑出人物的支持，從劇作家奧古斯特．威爾遜（August

Wilson）和演員露比·笛伊（Ruby Dee），到詩人夫婦阿米里·巴拉卡及阿米娜·巴拉卡（Amiri and Amina Baraka）。

很多人認爲，我們自稱女神是褻瀆的行爲，並以各種方式對著我們大吼：「你們以爲自己算哪根蔥？」

我們的回答是什麼呢？女神。

在一場活動中，一位我們崇拜的著名女詩人，在舞臺上嘲笑我們。這件事眞的太丟人現眼了。人們很難接受我們發出的靈性賦權訊息。他們認爲，我們的舉止不夠莊重，沒有資格討論當時正在討論的話題。與此同時，這部舞臺劇的目的，是要讓我們憶起，眞正的自己到底是怎樣的一個人。

內維爾說，他很高興自己沒有根據阿布杜拉的外表，來斷定對方有沒有資格當自己的靈性導師。

阿布杜拉曾要求內維爾用希伯來文教一堂課，而內維爾當時初入茅廬，一個希伯來詞也不懂。這種行爲，自然惹怒了班上的一名同學，因爲他是希伯來文的老師。他無法理解，阿布杜拉爲什麼選擇了徹頭徹尾就是初學者的內維爾來執教。彼時，內維爾才剛到那裡幾個月，沒想到阿布杜拉就邀請他站到了黑板前。

阿布杜拉是這樣告誡那位學生的：「你不知道他是誰，他也不記得自己是誰。如果知道他過去是誰，你現在就會拜倒在他的腳邊。但你不知道他是誰，他也不記得自己是誰。」六個月後，內維爾眞的在指導那位希伯來文老師。他發現了他不知道自己所擁有的知識。

在這個世界上，每個人都扮演著獨特的角色。幾十年過去了，我依然在這裡教導同樣的福音。你認爲這是一本關於顯化的書，這只是一個開始，但這本書眞正要說的，其實是關於覺醒，並憶起眞實的自己。

你就是操作之力。

如何駕馭這個法則：你的想像力

祂就在你之內，一如你獨有的「我是」。

——內維爾

這一切，都回到阿布杜拉的關鍵教誨：你的想像力就是神。不妨讓我們更深入地探討這一點，如何？

內維爾的朋友、作家伊斯瑞爾．雷加迪說，阿布杜拉教導內維爾說：「神與人是完全合一的……人的存在核心是神——儘管盲目而無知的人並不知道。在人之外的萬物，沒有不是人所創造的，整個世界就是一個由內而外投射出來的圖像世界。」

把你的想像力當成是你體內的神性火花，或是住在你體內的小寫的神。正是透過想像力，你才有辦法全身心投入你的思想、夢想、希望和渴望。作爲你生命中的神，你可以透過這種不可思議的力量，選擇要將什麼東西帶入你的現實。

只要能夠將想像力與最深刻的眞實結合，你就可以成爲生命的主動參與者，創造出自己的現實，而不是被動地見證一切。所以，不要害怕這種力量。擁抱它，陶醉其中。這是你與生俱來的權利，是來自神性的禮物，也是你不可分割的一部分。**你不在宇宙之中，宇宙在你之中。**

這是褻瀆嗎？

我懂，「我們都是小寫的神」的想法，可能會觸動一些敏感神經，激起不安，甚至恐懼的感覺。你可能會想：「去思考這樣的概念，不是很傲慢或褻瀆嗎？」

先深吸一口氣，讓我們花點時間坐下來討論一下。

在開口說出「我們都是小寫的神」這句話時，我們並不是在暗示自己正在取代或挑戰上帝、偉大的神性、更高的力量、宇宙，或更偉大意識的任何定義。

我們只是在認可，存在於我們每個人體內的神性，這個想法貫穿了全球古老的靈性傳統。對有基督教背景的人來說，在耶穌說出「我曾說，你們是神」這句話時，他所指的，是你們內在的神性火花。這個火花（或內維爾所說的「操作之力」）是神的一部分、無限的一部分，存在於所有存有之中。在印度教中，有一種對「阿特曼」（或說是個人的靈魂）的信仰，它是宇宙靈魂或「梵」的一部分。在約魯巴傳統中，「奧里」的概念，代表了我們最內在的靈性自我，也就是我們內在的神性。

我們在討論的是，認識到存在於每個存有之中的宇宙意識、偉大之靈、上帝。我們在討論的是，尊重我們與生俱來、能夠在生命中創造改變、顯化自身的夢想、療癒、成長和進化的能力。

這與自我或傲慢無關，而是關乎賦權和責任，關乎在我們的生命之中扮演共同創造者的角色。

所以，美麗的你，如果這個概念激起了你內心的不適，請稍微思考一下。好好地考慮一下，提出疑問，試著挑戰。

無論你選擇將自己視爲上帝、小寫的神，還是用任何其他方式去理解，重要的是，它能夠賦予你力量、帶給你平靜，並幫助你過上呼應內在最深處召喚的生活。

你是你生命中的操作之力。

練習：艾克牧師的肯定句

目的

從艾克牧師的陳述句開始，啓動你的神性本質：

眞實的我是健康。

我的內在神性是健康！

眞實的我是快樂。

我是個非常快樂的人，

每個人都喜歡圍繞在我的身旁。

眞實的我是愛。

我是被愛環繞的。

眞實的我是成功跟富足。

內在神性賜予我嶄新又刺激的想法，
讓我得以成功又富足。
眞實的我是金錢。
內在神性的賺錢思維，
賜予我正確的想法，
讓金錢跟美好的事物得以進入我的生命。
謝謝你，內在神性！

做法

❶**尋找安靜的空間**。這是你自我賦權的神聖時刻。
❷**放鬆**。閉上眼睛，深呼吸，讓身心都平靜下來，準備駕馭你的操作之力。
❸**專注**。閱讀肯定陳述的第一行「真實的我是健康」，並意識到自己有操作之力，能使其成為現實。
❹**個人化與肯定**。閉上眼睛，說：「我的內在神性是健康！」在宣告你就是你生命中的操作之力時，感受這個事實在你內心產生共鳴。
❺**視覺化**。想像一下，健康的光芒充滿了你體內的每一個細胞。感受你已經顯

化出來的、你的渴望的能量。

❻**繼續下去。**繼續說下一句肯定句，重複步驟❸到步驟❺。

❼**完成一整組肯定句。**慢慢說完每一句肯定句，感受每一句的分量和力量，每一次都要堅持自己是操作之力。

❽**封存流程。**完成之後，透過說三次「謝謝你，內在神性」，來認可你的內在神性。這會封存整個過程，並鞏固你作為自身生命中操作之力的這個角色。

❾**制定日常儀式。**每天都要使用這些肯定句。可以選擇早上，為一整天定好正面的調性；或是選擇晚上，讓肯定句在你睡覺時顯化。

❿**回顧和調整。**一週後，想想自己的心態或生活環境有何改變。留意你是如何變得更加意識到自己的操作之力，若覺得有必要，可以調整肯定句。

練習：艾克牧師用於靈性顯化的「心靈劇場」

目的

釋放你「內在的信念之眼」的潛力，以顯化快樂和富足，正如內維爾所言：

「遠遠超過你最狂野的夢想。」根據《紐約時報》報導：「在收受奉獻的過程中，（艾克牧師）經常會引導那場會面進入他所謂的『心靈劇場』。這是一種儀式，讓支持者『閉上外在之眼，打開內在的信念之眼』，使他們能夠先是想像，進而實現滿足和富足的狀態。（『我正搭乘那艘前往那些島嶼的遊輪、我已經付掉了賬單、我有錢、我正在享用最愛的牛排、我受到了引導，得以成功和富足，使這一切成為可能，因為我內在的主、心靈的法則，會引導我去往彼方……』）」

做法

❶**準備空間。**尋找一個安靜、平和、不會被打擾的空間。是時候顯化你內心最深處的那些渴望了。

❷**靜心。**深沉且平靜地呼吸，讓你的思緒穩定下來。閉上肉眼，準備打開內在的「信念之眼」。

❸**張開內在之眼。**想像一下，你的兩隻肉眼是閉著的，但你的第三隻眼，你內在的信念之眼，在你的前額中央慢慢張開。

❹**超越視界。**透過視覺化的方式，看見快樂和富足的模樣。是毫無欠債的生

活、一趟浪漫的旅行，或是一次成功而富創意的商業活動？盡可能地生動和詳盡。

❺ **敘述你的視覺化畫面。**大聲說出你的願景，就像艾克牧師那樣。例如，你可以說：「我正搭乘那艘前往那些島嶼的遊輪、我已經付掉了賬單、我有錢……」

❻ **發揮你的操作之力。**列出自己的渴望時，要接受這些顯化是有可能發生的，因為你有「內在神性」。你可以這樣說：「因為內在神性，一切皆有可能！」

❼ **沉浸其中。**在這種心理狀態中停頓和沉浸數分鐘，吸收快樂和富足的感覺。

❽ **封存畫面。**結束時，要說：「謝謝你，我的內在神性！」這麼說，能夠妥善守住你視覺化出的那些畫面，並認可自己身為操作之力的角色。

「操作之力」指令

我讓自己的生命有所發生，沒有人可以主宰我。今天，以及之後的每一天，我都堅定地相信，我就是自己生命中的力量。我的精神和思想的力量會給我指引。

我就是自己生命中的力量。

我不再屈服於世界上隨機發生的事件和環境。取而代之的是，我會用自己的意念來塑造這些事件和環境，創造出與我的渴望產生共鳴的現實。

我的命運不是寫在星星上，而是寫在我的心、我的思想和我的精神力量之中。每一天，每一次呼吸，我都在確認這個真理：我就是自己生命中的力量。每天太陽落下之時，我都會知道，自己已經明智地使用了這份力量。

事實就是如此。

「操作之力」反思自問

- 知道自己是操作之力後，會如何改變你看待過去面臨的挑戰？
- 你該如何運用這樣的洞察，以不同的方式解決未來的障礙？
- 什麼樣的想法、感受和信念，能讓你的內在世界去呼應你夢寐以求的現實？

「每一個人都源自你的內在」的奧祕

生物不會因為他們所做的、看似錯誤之事，而受到批判或譴責，因為所有的行為，都是主親自命定的。

——內維爾

人際關係，是人類經驗的核心，是將我們彼此連結起來的絲線。我們可能會將自己的人際關係貼上家庭、戀愛、友誼或工作等標籤，但每種關係的核心都是同一個事實：我們相互依賴。

獨自一人在「山頂」靜心冥想，遠離日常的挫折和危機時，我們很容易感受到自己的靈性有所提升。正如露易絲．賀常說的，要在研討會上覺得身心舒暢很容易，但一到了停車場，你就會去咒罵忽然開著車切出來、害你差點撞上對方的那個人！

對自我掌控能力的真正考驗，在於我們跟他人之間的互動。這時候，那些還沒癒合的傷口、刺激我們產生各種反應的因素，以及我們的反應模式，就會浮出水面，賦予我們成長的機會。

外在世界是內在世界的映照

要是我告訴你，每一個人都是你，你會有什麼感覺？那些出軌的前任、忠誠的摯友、不可信賴的醫生都是你？要是每個在馬路上忽然把車切到你前面的人，都是你內在世界的映照，揭露了你可能沒有意識到、自己的各個面向呢？「每一個人都源自你的內在」（Everyone Is You Pushed Out，簡稱EIYPO）的原則指出：外在世界（包括身在其中的人）映照出我們內在的信念和假設。這個想法既讓人覺得解放，也讓人感到沉重。你有能力塑造自己的人際關係，但也有責任去面對自己逃避的部分。

在一九三〇年或一九三一年，「偉大的長者」阿布杜拉給了內維爾一份書面的猶太哲思卡巴拉教義，並提醒他：「生物永遠不會因爲他們所做的、看似錯誤之事，而需擔負罪責。主命定了所有的行爲，而祂獨自施行了所需施行的一切。」阿布杜拉教導我們，我們身邊的人所做的所有行爲，以及生命中的所有事件，都不是隨機出現或單獨存在的。相反地，它們是更遠大的設計的一部分，由我們的更高力量、宇宙上帝意識所精心打造。這種精心策畫了每一個行動和反應的神聖力量，與我們的內在狀態有著錯綜複雜的連結。阿布杜拉的見解意味著，我們的感知和體驗，與內在發生的一切（我們的思想、信念和最深的感受）息息相關。這爲「每一個人都源自你的內在」的概念奠定了基礎——我們認知到，自身周圍的世界都映照出我們的內在世界。這是一個很深奧的概念，但當它跟EIYPO（即「每一個人都源自你的內在」）的想法結合時，它就會開始變得很合乎道理。

想像一下，你周圍的每個人都猶如一面鏡子，映照出你自身意識的一部分——包括順境和難題。舉例來說，如果有人讓你心煩意亂，他們可能是回應你對自己或世界所抱持的某個信念或不安。這不是在自我責備，而是讓你認識到信念所持有的力量，能夠塑造你與他人的互動。

正如露易絲・賀所說：「每一個人，都是我們自身的映照，我們在另一個人身上看到的東西，也能在自己身上看到。」運用這種視角，就可以改變處理人際關係的方式。與其去想：「他們爲什麼會這麼做？」我們可以問自己：「我內在的什麼東西，期盼這種行爲的發生？或是與這種行爲有所共鳴？」**透過理解和改變內在信念，就可以轉化自己在他人身上看到的映照。**

透過這種自我賦權的方式，就能在生命中找到指引。每一段關係都提供了一條線索，都是一堂關於自身信念和感受的課程。一旦接受了這一點，我們就不只能體驗到人際關係，還能藉此成長、進化。

用EIYPO來做實驗，也很有趣。在寫這一章時，紐約市正值八月，而我正站在新家的門廊上。我最近一直在抱怨這個社區變得多麼安靜，以及過去的生活有多熱鬧。我萬萬沒想到，今天，就在我工作到一半的時候，有個人來拜訪我的鄰居，這人說話超大聲，他的車上也發出震耳欲聾的聲音，煩死人了。所以我做了個實驗，想讓他離開，把注意力都集中在這個街區有多麼地安靜。

聽到他車上的收音機傳來的老派熱門歌曲，我其實很想跟著一起唱，但我必須趕在最後期限之前，把這些教導傳達給你們。所以我無視相反的證據（饒舌歌手圖帕克正在唱〈親愛的媽媽〉），並把注意力集中在感激這個街區有多麼安靜，以及能夠專注於工作是多麼美好的一件事。我無視這位朋友看起來多麼安心自在——接著當然——他突然意識到，自己有別的地方要去。

啊！每一個人都源自你的內在。

EIYPO的理念是，相信外在世界（包括我們的人際關係）是內在世界的直接映照。我們對自己、他人和世界的想法、感受和信念，塑造了我們的體驗和生活中的人。生活是一面巨大的鏡子，映照出我們的意識。與我們互動的人就像一面鏡子，映照出我們內在狀態的各個面向。換句話說，**他們就是我們，只不過是被我們從內在推**

了出去。

這意味著，你所遇到和經歷的那些人，在很大的程度上，受到你對人際關係、愛、信任、溝通等的內在信念和感受的影響。人們對待你的方式、你跟他人之間的談話、你接受或不接受的愛——所有的這一切，都是你內在世界的映照。**一旦改變內在的信念和感受，就可以改變鏡子中的倒影**——也會改變你的人際關係。

現在，讓我們把話說清楚。接受ＥＩＹＰＯ的概念，並不表示你要對遇到的、每一個可能是混蛋的傢伙，負起全部責任。生活很複雜，其他人有自己的自由意志、信念和情感，這些都會造就各種關係動能。ＥＩＹＰＯ的意思是，你擁有巨大的力量，可以透過改變內在狀態，來塑造和影響你的人際關係。

人際關係是一面鏡子

你有遇過「不同的人，相同的事件」的經驗嗎？有時我們會發現，自己陷入反覆出現的模式和人際關係的劇本之中。有過類似的處境，做過類似的事情。如果你發現，不管涉及其中的人是誰，自己就是一再經歷同樣的關係動能，那麼是時候領悟到一個事實：這之間的共同點就是你。這麼說，不是爲了要責備或羞辱你，而是爲了賦權給你，讓你有能力改變自己看到的模式。你的人際關係就像一面鏡子，會把你內在深處的信念、期望和感受，映照到你的生活之中。

與你互動的每一個人，都映照了你意識的一部分，就像鏡子的碎片一樣，讓你得以看見內在自我的各個面向。在談論人際關係中反覆出現的模式時，其實就是在談論你內在狀態的反覆往外映照。你所遇到的這些相處模式，可以讓你深入了解自己的信念、期望和感受。困難的地方在於，要認清這些模式並不是那麼容易。我們常常過度沉浸於劇本之中，以致無法立刻看出其中反映出了我們的什麼情況。

你要意識到自己的模式。一開始，你要觀察彼此之間的關係和互動，留意你的感受、反應和關係動能。你是否經常感到被忽視或不被尊重？你有感受到被愛和被重視嗎？你有在不同的關係之中，發現哪些共同點嗎？

練習：探索你的人際關係模式

目的

了解你對自己的信念，如何反映在周圍人們的行為和行動之中。

你們之間的互動，是否充滿理解與尊重？還是你發現，自己經常陷入衝突？這些外在的體驗，是你內在景致的直接映照。

做法

- **反思自己的信念和期望。**你對自己、他人或整體的人際關係，有什麼想法或是期望？你能想到這些想法或期望可能源於何處嗎？也許與過去的經歷、成長過程中被告知的事情，甚至來自媒體的訊息有關。這些信念，是如何在你於人際關係的行為、談話和選擇之中，表現出來的呢？
- **觀察你的情緒。**留意與他人在一起時，經常會出現的各種情緒。什麼樣的感覺會不斷湧現？想想這些情緒可能是在告訴你關於內在世界的什麼訊息。

透過思考這些問題，你就會開始發現，自己的內在信念與情緒是如何影響你的人際關係。這種覺知相當強大，能夠幫助你轉化這些人際模式，創造更充實的人際關係。請記住，了解自己，是了解你與他人關係的第一步。

在進行探索時，要對自己抱持同理心。在辨識各種人際關係模式的過程中，可能會引發罪惡感或羞愧感，但要知道，有這些情緒是很自然的，這也是療癒過程的一部分。

罪惡感可能表示，你已經準備好做出彌補，並採取不同的行動。然而，羞愧感可能就比較陰險了。如果你覺得自己有根本上的缺陷或沒有價值，就必須正視這個信念。羞愧感可能源於過去的創傷、你所接收到有關自己的負面訊息，或是感覺到被拒絕或無法被愛的經驗。要療癒羞愧感，需要自我疼惜、自我接納，並且通常需要來自值得信賴的朋友、家人或諮商師的支持。在開始釋放羞愧感，並擁抱自己的價值之後，你會自然而然地改變自己的內在狀態，而你的人際關係將會開始反映出這樣的轉變。

- **質疑你的信念。**它們是真的嗎？它們是為你服務的嗎？如果不是，請用能夠支持你的幸福和你所渴望的人際關係的信念，來取代它們。如果你認為自己不值得被愛，請用你值得被愛和被尊重的事實，來取代這種信念。

在改變內在世界之後，你會開始在自己的人際關係之鏡中，看到不同的映照。新的關係動能將會開展，不同類型的人將會被吸引進你的生活。

愛自己的力量

我們對待自己的方式，決定了別人如何對待我們的基礎。對自己所表現出的愛和接納，會反映在我們與他人的互動之中。「愛自己」不是一句口號，而是塑造你的生命和人際關係的強大積極力量。

一如我們在「振動的奧祕」中談到的，一旦你可以無條件地去愛和接納自己，就會散發出自我信賴和自我接納的頻率。一旦可以從愛自己的角度處理人際關係，你就不是在尋求其他人來認可你，或是讓你感到完整。你已經是完整的，並且正在尋找與這種完整產生共鳴的人。

透過愛自己，你自然會建立起與你的自我接納頻率相符的人際關係。你會顯化出能夠認可你的價値的伴侶，因爲你已經在自己身上看到了這樣的價値。你會吸引並創造出富含尊重和愛的人際互動，因爲這就是你對待自己的方式。

所謂的愛自己，包括：做出「以自己的幸福爲優先」的選擇、設定界線、跟自己說話的時候要體貼，以及原諒自己。一旦能夠體現這些行爲，你就能爲更和諧的人際互動創造出空間。

想像一下，不是從需要或匱乏的角度，而是從豐盛和完整的角度進入一段關係。

這樣的轉變，不僅會改變你人際關係的動能，也會改變你所吸引的人。你會開始跟同樣愛自己的人產生共鳴，並一起創造出平衡、尊重與和諧的互動。

如何在一週內顯化出特定對象？

內維爾在十八歲時就結了婚，並育有一子。同一年，他就和妻子分居。兩人從未離婚，所以嚴格說起來，他們仍然是夫妻。時間快轉十六年，內維爾愛上了另一個女人。他很確定，她就是他想娶的人，但有一個問題：他依然與第一任妻子保有合法的婚姻關係。

所以，內維爾做了什麼呢？他決定利用法則來改變這一切。畢竟，每一個人都源自你的內在，對吧？

每天晚上，他都會躺在飯店房間裡，閉上雙眼。他沒有想像自己所在的空空蕩蕩房間，而是想像自己和新歡一起住在一間公寓。他看到她睡在一張床上，而他則睡在另一張床上（當時成功的已婚夫妻就是這樣睡的）。他感受到與她在一起的喜悅、愛和溫暖。他一夜又一夜地這樣做，完全感覺到，這件事情彷彿已然成真。

儘管有人（例如他的舞伴）意圖拆散他和他的新歡，但內維爾並沒有放棄。他繼續活在想像的現實中，活在結果之中，並感受到他想要的愛和快樂。

然後，出乎意料之外，內維爾接到了一通電話。他必須上法庭，但他不知道原因。他認爲八成是惡作劇，就忽略了這件事。但後來，他又接到一通電話，這一次，電話那頭的人告訴他，他分居中的妻子因爲順手牽羊，而需接受審判。

他的第一任妻子，因爲在商店行竊，遭到了逮捕。本來，內維爾大可以利用這一點訴請離婚，但他在法庭上站了起來，慷慨激昂地爲她辯護。法官被他的話所感動，因而判處她緩刑。他妻子爲此感激不盡，並同意在離婚協議上簽名。

問題在於，他的妻子毫無去紐約的理由。但她最終還是到了那邊，而她的行爲，導致內維爾得到了他想要的離婚。他並沒有要求發生這樣的事，也沒有強求這樣的事發生——但事情就是發生了。

內維爾並沒有試圖從外在來強迫事情發生，而是轉往內在。他視覺化了這樣的一個現實：他已經與新歡快樂地生活在一起，並體現了與渴望的結果相符的感受和情感。內維爾的內在狀態和信念，透過分居妻子的行爲，而有了映照。

內維爾不必說服或操控她。他周遭的人，只是反映出了他在內在所創造出的嶄新現實。

他解釋說：

你只需要知道自己想要什麼。建構出一個暗示你的渴望已然實現的場景。進入那個場景，並待在其中。如果你的想像顧問（你的滿足感）同意用你所描繪出來的場景，來表示你的渴望已然獲得實現，那麼你的幻想就會成為事實。如果它不同意，就要建立一個新的場景，並進入其中，重新開始這整個流程。

練習：使用EIYPO轉化現有的人際關係

目的

找出並改變會對你與家人、朋友、商業夥伴或戀愛對象之間的關係產生影響的信念和模式。

做法

❶ **找出目前的信念和模式。**記下你的人際關係中反覆出現的主題、反應和模式。有哪些關於你自己或他人的信念，反映在你的人際關係之中？你是否經常覺

得不被重視、受到低估或遭到誤解？找出這些模式，並問問自己所抱持的哪些假設，可能會促成這些經驗發生。

❷ **以賦權的信念取代受阻的信念。**如果你發現，某些信念或假設會對你的人際關係產生負面影響，請以更加賦權的信念或假設取而代之。舉例來說，如果你認為，人們總是在利用你，請將這種信念轉變為「我受到身邊的人的尊重和重視」。

❸ **去感受你渴望的現實。**花時間靜心冥想或安靜地沉思，讓自己沉浸在這樣的感覺中：你已經擁有想要的、已然轉變的人際關係。去感受愛、尊重和理解，彷彿它們已然成真。

❹ **視覺化出嶄新的互動方式。**創造出反映你的新信念和假設的心理圖像。想像一下這樣的具體場景：你和其他人，正以你真正想要的方式進行互動。

❺ **回顧過往的事件。**使用重塑程序（請參閱書末的額外章節），在心裡重新審視並改變過去不滿意或有害的互動關係。想像事件以不同的方式開展，以符合你的新信念和渴望的結果。

❻ **肯定你的新信念。**使用肯定句來強化你對人際關係所抱持的新信念和假設。例如，「家人都愛我、尊重我、理解我。」

❼ **練習感恩。**把注意力放在人際關係中的正面角度，並對此表達感激。

❽ **開誠布公地溝通。**雖然調整內在狀態很重要，但與你的人際關係中所涉及的對象進行開誠布公的對話，也很重要。以尊重且清晰的方式分享你的感受、需求和渴望。

❾ **放手並相信這個過程。**完成內在工作之後，放棄控制或強求結果的需求。要相信，一旦你改變了內在的狀態，映照於外在的人際關係自然會得到改善。

❿ **慶祝正向的改變。**認可並慶祝人際關係中的任何改善或正向變化，無論那個變化有多小。要意識到，這些變化反映了你有所轉變的信念和假設。

練習：顯化理想的人際關係

目的

結合EIYPO原則，利用視覺化的力量，創造出你理想的人際關係，而不僅僅是顯化出特定對象。

做法

❶了解自己的渴望。首先要了解，你在人際關係中渴望什麼，而不是僅限於特定對象。你希望在與朋友、家人、同事或其他人的關係之中，體驗到哪些特質和動能？

❷定義你的理想人際關係。清楚定義你的理想人際關係的樣貌。你會如何跟他人互動？對話感覺起來是什麼樣的？你會有哪些相同的體驗？界定在這些關係中存在的界線、相互尊重和理解。

❸使用你的潛意識。你的潛意識是顯化渴望的強大工具，它會吸收並內化你的信念，使它們成為你核心認同的一部分。透過向潛意識灌輸關於人際關係中正向且賦權的信念，你就等於在為自己的潛意識奠定基礎，讓它得以努力地在你的現實中顯化這些信念。

❹視覺化。常常想像自己處於正在經歷理想關係的場景之中。感受其中的情緒、聆聽對話，並在腦海中看到與他人之間的互動。將你所有的感官，都投入到這個視覺化之中。感覺越真實，就越能有效地對你的潛意識產生影響。

❺校準。確保你的想法和感受，跟你想要顯化的關係是吻合的。要避免消極、懷疑或受阻的信念。相反地，要培養對他人以及對自己的愛、尊重和欣賞的感

覺。

❻ **使用肯定句。**諸如「我值得愛與尊重」「我的人際關係和諧而充實」或「我很容易跟他人產生連結」之類的肯定句，可以幫助改寫潛意識，使其呼應你對人際關係所抱持的目標。

❼ **表現得「宛如好像」。**表現得宛如你的理想人際關係已經成為現實。以你希望得到的尊重、理解和善意，去對待他人。在期望他人表現出充滿愛心、富有同情及慷慨的同時，你是否也有用這樣的態度去對待別人？

❽ **理解創造與吸引的不同。**要顯化出理想的人際關係，主要在於**創造，而非吸引**。你並不是被動地等待合適的人進入你的生活，相反地，你正在主動塑造自己的內在世界，以創造出你渴望的外在世界。

❾ **放棄抗拒心態。**放棄任何關於你將如何顯化以及何時顯化的抗拒心態，或先入為主的觀念。相信這個過程，並讓神性發揮魔力。

❿ **練習感恩。**即便還不夠理想，也要對你目前擁有的人際關係表達感激。

EIYPO與結構性不公義：理解兩者之間的平衡

正如先前所討論的，對「每一個人都源自你的內在」的顯化程序經常提出的批評是，這似乎會在無意中，將責任歸咎於那些遭受結構性不公義（例如種族主義、性別歧視、恐同症和虐待、人口販運等犯罪，以及警察的暴力行爲）的受害者。這是一個合理的擔憂。

首先，我必須嚴正強調：沒有人要爲因其種族、性別、性取向或任何其他身分標籤而遭受的偏見、歧視或暴力負責。這些都是社會性、系統性的問題，而不是個人的失敗或顯化。面對這種不公義的人，並不是因爲其負面的想法或不正確的顯化，而「吸引」或創造出了這些經驗。

然而，這麼說的同時，我們並不否認像EIYPO這樣的宇宙法則，可以在這些結構性現實中，爲我們提供個人的力量和轉化的潛力。

以下是你可以如何好好地運用EIYPO，又不會陷入指責受害者的陷阱：

- **承認結構性現實**。要意識到，我們生活在有其自身動能的社會結構之中。這些結構可以對我們的經歷產生顯著的影響，而承認這件事，是邁向有意義的改變的第一步。

- **擁抱你的個人力量**。儘管存在系統性問題，但不要忽視你的個人力量。你有能力塑造自己的態度、信念和反應。
- **使用EIYPO作爲賦權工具**。使用EIYPO的概念培養賦權心態。在你的個人生活、人際關係和周圍環境中，顯化出正向的變化。努力爲自己和他人創造一個安全、給予支持和賦權的環境。
- **提倡改變**。利用你的力量，來倡導結構性改變。站起來反對不公不義之事，發出自己的聲音，並與他人共同努力。你的個人賦權，可以推動你實現更廣泛的社會改變。

「EIYPO」指令

我是我的人際關係的建築師。每一次的人際互動，每一個經歷到的人際連結，都映照出了我的思想、信念和情感。

今天，我選擇在內心奠定愛、尊重和仁慈的基礎。在用這些特質填滿我的內在之後，我看見它們映照到了我的身上。我有意識而刻意地選擇能夠培養快樂、充實和充滿愛的連結的信念。

我值得擁有會帶來歡樂、愛和相互尊重的人際關係。我是我人際關係的建築師，我每天都在確認這個真理，看著它在我的世界之中回過頭來映照在我身上。我不再被動地接受生活帶給我的一切。

我是我的人際關係的建築師。在我培養自己、尊重自己的需求和界線時，我就為這件事奠定了基礎，讓其他人也做出一樣的事。

「EIYPO」反思自問

- 你的人際關係中有模式嗎？這些模式是否與你如何看待自己或他人有關？
- 你希望在理想的人際關係之中，擁有什麼樣的感覺？
- 與他人意見分歧時，你要如何運用「每一個人都源自你的內在」的概念，來更理解情況？這些情況可能會告訴你什麼是你需要的，或是你內在有什麼尚未獲得療癒？

種因得果的奧祕

但是你知道，神創造了萬物吧？萬物皆是神。你會覺得，神只創造了某些東西，但其他東西卻不是祂創造的？不，神創造了一切。

——阿布杜拉

種因得果法則的基礎是「**要怎麼收穫，先那麼栽**」。換句話說，我們的生活環境，直接映照了我們植入意識中的思想、信念和感受。透過理解這項原則，我們就可以更有意識地去創造自己的現實。

內維爾將此法則解釋爲掌管宇宙的基本原則，其以《聖經》的教義爲根基：「人種的是什麼，收的也是什麼。」

這個法則提醒我們，我們有責任去塑造自己的現實。如果到了現在你還不知道，那麼你要明白，你的想像力是個強大的工具，能創造出你渴望的結果，而你必須注意自己播下了什麼樣的種子。現在，是時候控制你的想法和想像行爲，播下能呼應你所渴望之結果的種子，以顯化你的夢想生活了。

內維爾說，阿布杜拉「所教導的《聖經》內容，是我從未在母親膝上，或者從牧師或其他教導過我的人口中聽過的。在阿布杜拉的指導下，對我而言，《聖經》成為了一本生氣勃勃的書」。

他說阿布杜拉「是一個黑人，在猶太信仰中長大，但真的很理解基督教。在我所見過的人之中，很少有人能夠這麼理解它」。

阿布杜拉作為教授耶穌的猶太拉比，顯然超越了宗教教義的界線，他的教導著重於支撐所有靈性傳統的宇宙眞理。阿布杜拉強調信念的轉化力量，以及有意識地運用想像來顯化渴望。他彌合了猶太教和基督教傳統敘事之間的鴻溝，闡明了耶穌基督是靈性覺醒、愛與合一性的象徵。

阿布杜拉的教導，以種因得果法則（在新思想哲學中被稱為「因果法則」）為中心思想。這個原則指出，我們在想像和信念中播下什麼，就會在外在現實中收穫什麼。阿布杜拉認為，這個宇宙法則既根植於耶穌基督的教義之中，也根植於許多靈性傳統的智慧中。

正如先前在阿布杜拉典範中所討論的，阿布杜拉教義的基石之一，是理解並眞正內化約翰福音第十七章（被稱為「大祭司的禱告」）的重要性。在這一章中，照著麥基洗德的等次而成了永遠大祭司的耶穌，爲他的門徒及所有未來的信徒之合一性和成聖而祈禱。他談到他與天父的合一性，以及祂們之間存在的愛。

在這篇祈禱文中，阿布杜拉意識到了合一性、愛和靈性覺醒的深刻信息。他將之視爲所有生物與創造泉源之間有著相互關聯的表現，也是種因得果法則基礎原則的體現。阿布杜拉鼓勵學生將這一章牢記在腦海中。他相信，透過理解和內化這篇祈禱文，就可以培養與神之間更深的合一感，並利用意念和信念的力量，來顯化心底最深處的那些渴望。

根據內維爾描述，在跟阿布杜拉會面時，學生們會在會面結束後起立，一起背誦約翰福音第十七章。阿布杜拉會在最後這樣說：「讚美我們的合一，一在全之內，全在一之內。」這個儀式是種因得果法則的精髓——我們在心中種下什麼，就會在現實中收穫什麼。

透過在祈禱中擁抱合一和愛的信息，我們就能與種因得果法則背後的靈性原則保持一致。在意識中播下愛、合一和意念的種子時，就可以爲那能呼應我們眞實本性和渴望的收成，創造出肥沃的土壤。阿布杜拉的教導提醒我們，顯化的眞理並不局限於任何單一宗教傳統或教條，這是在耶穌的教導和許多其他全球靈性傳統智慧中發現的宇宙原則。透過將注意力專注於其所隱含的眞理，並應用到生活之中，我們就可以超越分離主義者的僵化限制，體驗靈性洞察力的轉化力量，並透過種因得果法則來顯化。

對於這件事情，內維爾是這麼說的：

> 我沒有辦法想像，世界上還有什麼是比約翰福音第十七章更美麗的了。在閱讀並沉醉於其中之時，我不相信你有辦法忍住淚水。這個章節是老阿布——我的朋友阿布杜拉——堅持要我們記在腦海中的。每個人都一定要知道這個章節，要背得滾瓜爛熟，然後他總是以「讚美我們的合一，一在全之內，全在一之內」作為結束。我們所有人，都必須在會面結束時，起身背誦約翰福音第十七章。這句話深深烙印在了在場所有人的心裡。你要去閱讀它，如果不知道內容寫了些什麼，就在回家以後閱讀。

種因得果法則的起源

種因得果法則深植於《聖經》教義。在創世記第一章第二十四節中，上帝命令大地長出植物和果樹，每一種都「各從其類」，這句話強調了一個觀念：我們所種下的種子，將產生與其相應的收穫。加拉太書第六章第七節提醒我們，我們種下什麼，就會收穫什麼，以及宇宙的法則也是完美而有序的。

內維爾是這麼說的：

「種因得果法則」（或稱「因果法則」）是客觀的，可以將你所能想到的任何事物，帶入你的經驗之中。既然創造已然完成，那就表示所有可能的狀態，都已經存在了。你與特定狀態（想像如果處於那種狀態的你，會有怎麼樣的體驗）的融合，會使得該狀態投影到你所處空間的螢幕上。這條法則不會受到改變或違背，它永遠會在你的外在世界複製出你認同為真實信念、一模一樣的東西。如果想要改變自己的世界，你就必須改變自己的信念。由於意識是唯一的原因，因此你不能將當前存在的任何情況，歸咎在他人身上；你現在正在經歷的任何事情，也不能把其成因歸咎於命運或機會之上。除了改變自己的意識，沒有其他辦法可以改變你生活中各種事件的演變。

種因得果法則，本質上與因果原理以及播種與收成的概念有關。我們抱持的每一個想法、信念或感覺，都會成爲引發一連串影響的原因，而這些影響最終會在我們的物質現實中顯化出來。正如同農民播下種子，並期望得到與其相對應的作物，我們在現實生活中收穫到的，也是自己之前播下的精神種子所結出的果實。

這個法則客觀且自動地在運作，在我們的外在世界中，複製出與我們內在信念一模一樣的東西。這個法則強調，我們要注意自己抱持的思想和信念，因為它們是種子，能夠決定我們收穫的本質。透過有意識地選擇正面和賦權的信念，我們可以播下種子，讓生活反映出我們最深層的渴望。

理解因果循環

種因得果法則，是影響事件開展的基本原則。這個法則的核心是，凡事有因必有果，凡事有果必有因。在顯化的背景下，我們的想法、信念和想像行為是因，而這些因就會產生出果，其形式就是我們生命中的各種際遇及事件。

我們的想法和信念，塑造了我們的看法、態度和情感，形成了我們用來解釋和回應周遭世界的典範或心理框架。我們懷有的每一個想法，以及抱持的每一個信念，都會發出與宇宙能量相互作用的振動頻率。結果就是，我們創造出與自己的想法和信念的頻率產生共鳴的體驗。這就是生命法則的本質。

在塑造自身的現實方面，信念更發揮了關鍵的作用。正如內維爾所教導的，我們對自己和世界的假設，構成了自身經驗的基礎。如果抱持的是正面、賦權的信念，我們就會爲顯化自己的渴望，創造出肥沃的土壤。另一方面，如果抱持的是受阻的信念，我們就會讓豐盛的生命之流受到限制，並阻礙自身夢想的實現。

因果法則的範例

因果法則適用於生活中的各個領域，從人際關係和財務狀況，到健康和幸福。以下幾個範例，來自於我的女神顯化社群：

- **人際**：「哈莫妮」覺得自己沒有價值，認定沒有人會愛她。這些信念成爲了因，產生的果，則是沒有得到滿足的人際關係、他人的拒絕，以及孤獨的感覺。另一方面，「肯雅」培養了愛自己的感覺，相信自己值得擁有健康、充滿愛的人際關係，而她所建立的夥伴關係，就反映並肯定了那些信念。
- **財務**：「托妮雅」經常擔心金錢問題，並且想像出許多匱乏和苦苦掙扎的情景，而這樣的行爲，正在爲她埋下財務困難的種子。結果，她經歷了一連串財務挑戰和挫折。另一方面，抱持豐盛信念，並且想像自己享受財務富足的「笛笛」，則更有可能創造富有和成功的機會。

● **健康：**我們對健康所抱持的想法和信念，對身體健康有重要的作用。經常想像自己生病或認爲自己容易生病的人，可能會在身體上顯化出想像的症狀。另一方面，肯定自己很健康，並想像自己強壯而充滿活力的人，更有可能身強體健、生龍活虎。

種因得果法則告訴我們，你種下什麼，就會收穫什麼，無論思想或行動都是。透過了解因果循環，就可以有意識地播下種子，爲充滿愛、歡樂、健康和財富的生活鋪好康莊大道。

練習：利用種因得果法則來顯化

目的

成為自身生活經驗的有意識創造者。

做法

❶ **發現自己的渴望。**利用種因得果法則來顯化的第一步，是要明確知道自己渴

望什麼。思考一下，你想要在生活中體驗到什麼，無論是令人心滿意足的人際關係、成功的職業生涯，還是精力充沛的身體健康。詳細寫下你的渴望，並盡可能具體。

❷ **播下正確的種子。**為了獲得特定的收穫，你必須先播下適當的種子。在顯化的背景下，你要播下的種子，就是你的想法、信念和情感。首先，你要以正面且賦權的信念，來取代任何受阻的信念或負面想法。想像你的渴望已然實現，並培養出相應的情緒，例如喜悅、感激和興奮。

❸ **培養合適的條件。**就像植物需要合適的條件才能生長，你的渴望的種子，也需要合適的條件，包括保持正向的心理和情緒環境，以及採取呼應你的目標、受到啓發的行動。避免消極、練習感激，並專注於你渴望的結果。

❹ **採取受到啟發的行動。**每一種顯化都是不同的，但不要瞧不起行為，對此，內維爾是這麼說的：「首先，如果一個想法不能促使人們付諸行動，就不是有創造性的。想法本身不會做出任何事，不會影響任何事。那麼，我該怎麼做，才能把一個想法種下，讓它真正發揮效用，並有著如下的發展：從一個想法，到一個行為，到一個習慣，到一個性格，到一個命運？」

❺ **發揮想像力。**發揮你的想像力，生動地想像自己的渴望已然實現。讓自己沉

浸在體驗之中，調動所有感官感受與你的渴望相關的各種情緒。

❻**放手並信任。**一旦種下了渴望的種子，就放棄特定的結果，並相信種因得果法則是支持你的。避免過度沉迷於細節，或試圖強迫顯化的發生。相反地，要相信生命會在正確的時間點，為你的收穫帶來正確的條件。

❼**擁抱重塑。**如果遇到無法呼應渴望的情況，你可以使用重塑程序（在書末的額外章節部分）來更改結果。在你的想像中修改狀況，使其按照你想要的結果開展。這個新的結果可以充當新的種子，來覆蓋掉舊的那一個。

❽**意識到收穫。**保持開放的心態和思維，留意你的收穫正在顯化的跡象。它可能並不總是以你期望的形式出現，但總是會符合你播下的種子之本質。在意識到收穫時，要表達感激和感謝。

❾**了解時機。**一如農民知道農作物需要時間才能生長，你也要意識到顯化可能需要時間，才能結出果實。要有耐心，每顆種子都有自己的孕育期。相信你的收穫會在最適合你的時間顯化。

使用種因得果法則時，會受到哪些因素妨礙？

你要明白，種因得果法則是顯化過程中的強大工具，但許多人卻發現，自己被它的原理給絆倒了。

有幾個常見的陷阱，可能會對使用該法則來顯化造成妨礙：

- **缺乏自我覺察：**許多人一輩子都不理解自己的想法、信念和生活環境之間的連結，結果在不知不覺中埋下了導致不良結果的種子。
- **負面的思考模式：**另一個挑戰，是負面思考的習慣。透過不斷關注自己不想要的東西，人們在無意中種下了導致不良結果的種子。透過將注意力轉移到正面的想法和理想的結果上，來打破這些思考模式吧。
- **缺乏耐性：**有些人在渴望沒有立即顯化時，會感到沮喪。他們可能會放棄自己的目標、懷疑生命法則。每顆種子都有自己的孕育期，顯化可能需要時間。
- **自相矛盾：**有些人種下了正面的種子，卻用矛盾的想法或行動來澆灌。例如，他們可能會視覺化財務豐盛，隨後卻透過抱怨金錢來強化其匱乏。
- **執著於結果：**過於執著特定的結果，可能會產生阻力，並阻礙顯化。有時候，我們會把注意力放在自己的渴望應該要如何顯化，以及何時顯化，而這麼做，可能會阻礙事件的自然發展。放手並相信這個過程。

- **缺乏自信：**懷疑自己的價值或顯化能力，可能會破壞這個過程。如果不相信你值得實現自己的渴望，或是質疑渴望創造現實的能力，你就種下了懷疑的種子，而這可能會阻礙你獲得渴望的結果。
- **忽視受到啓發的行動：**種因得果法則也要求採取行動。有些人可能會因爲忽視，而沒有採取與目標一致的、受到啓發的行動，認爲僅僅仰賴視覺化就足夠了。
- **沒有注意到收穫：**有時在收穫顯化時，你可能沒有認出來。結果可能與原先的預期不同，或看起來無關。保持開放的心胸，並專注於跡象和共時性，可以幫助你辨識出自己顯化出來的渴望。
- **忽略感恩：**不認可、不表達對這些顯化的感恩，可能會阻礙未來的收穫。感恩會放大正能量，爲未來的種子創造更有利成長的環境。

種因得果與經濟富足：播下豐盛的種子

你的靈性之路與財務之路並不是分開的，兩者緊密相連。我們做任何事情的方式，就是做每件事情的方式，對吧？現在是時候發揮你的力量，取得你與生俱來的財富豐盛了。這件事不只是可能而已，更是你的神性權利。

你是有價値的，並且也値得富足——不要讓任何人告訴你其他的說法。你不只是爲了苟活而存在，你生來就注定要蓬勃茁壯。

種因得果法則照亮了從匱乏到豐盛的道路，並幫忙引導你的金錢之路。就像你將種子種在肥沃的土壤中，並且期待豐收一樣，你所培育的想法和感覺也會結出自己的果實。透過將這條法則應用於金錢和富足之上，你就可以啓動強大的力量，來改變你的財務生活。

你對金錢抱持的每一個想法（無論是對帳單的擔憂、富足的夢想，還是介於兩者之間的任何想法），都有能力塑造你的財務現實。這些想法引發了一系列與你對金錢的看法直接相關的事件和經驗。

我很榮幸能夠指導靈性企業家。我發現，一些最有天賦的靈性企業家的最大障礙之一，就是「金錢並不靈性」這個謊言。

我見過有人爭辯，靈性導師（包括那些借用了內維爾、墨菲博士和阿布杜拉見解的導師）不應該利用自己的工作去收費。他們認爲，賣書收費沒問題，用課程來收費就不好了，但兩者之間絕對沒有差別。

他們誤以爲，內維爾的智慧不收費。其實，內維爾的工作坊很昂貴。事實恰恰相反，內維爾不僅接受用金錢來換取他的教導，也承認金錢是能量交換的方式。他是一位偉大的商人。

我的曾祖母是南美洲蓋亞那的療癒師，她得到了社區的支持，他們會出錢幫忙買雞蛋、雞、山羊等，那是當時的貨幣。如果你現在是社區療癒師，並透過現金、比特幣或信用卡獲得報酬，那就沒有什麼不同，那是你這個時代的貨幣。你告訴我，你的服務費用是多少，跟我支付我認爲值得的服務費用，兩者並沒有什麼不同。

阿布杜拉向內維爾收費，但不是用金錢，因爲內維爾沒有錢。我們不知道政要爲阿布杜拉的一對一時間支付了多少錢，也不知道那些團體爲他的課程支付了多少錢。不要想說要假設得少一些，這反而會玷汙他的名聲。相信靈性智慧應該無償給予，就是在貶低分享這些教導所花費的時間、精力和專業知識。這種信念，反映了我們對金錢所抱持的受阻信念。內維爾用時間和精力來爲阿布杜拉打掃，而時間是最有價值的貨幣，因爲一旦用掉就拿不回來了。

我寧願用錢來支付某些東西，也不願意用我的時間來支付。你或許有不同的感覺，那是你的權利。

我在自己身上投入很多金錢，希望得到優秀老師的指導、輔導和教導。我還舉辦國際靜修營和個人賦權課程，因此我有很多關於靈性和金錢的對話。我社群裡的一位成員，最近在抱怨靈性課程的費用，但她正計畫搭乘頭等艙前往另一個國家，以藉此在一場已經完售的碧昂絲演唱會上獲得前排的座位。她這樣做很棒——我也很愛碧昂絲。但令我震驚的是，我們是如何根據個人的好惡，來決定價值的高低。這個例子只是用來強調，我們願意投資的東西，反映了我們眞正重視的東西。雖然有些人可能期望教學、輔導和靈性指導是免費的，但其他人意識到並願意把錢投資在個人的成長上。這件事關乎個人的選擇，以及每個人認爲什麼才有價值。你沒有義務要免費提供服務，有些人的服務可以收取百萬美元的費用，決定權在他們手上。而我們可以決定的是，自己要不要這樣做。如果其他人覺得有價值而付錢，那這對他們來說很好。

我必須在這個領域做出巨大的轉變。我曾經面臨巨大的挑戰，包括如何顯化金錢、談論金錢，以及密集課程的收費，即便我總是全力以赴。我很害怕被批評，也因此筋疲力盡、痛苦不堪。如今，我喜歡爲他人的靈性工作支付豐厚的報酬，也喜歡因爲自己的工作而收到豐厚的報酬。我提高了自己的世俗標準，以像坐頭等艙之類的基本待遇來對待自己，這感覺很好。我希望自己的女兒能夠對豐盛感到自在，所以我必須於內在做出改變。我不可能「收取我所價值的金額」，因爲我的價值無法估量，但我知道很多人在跟我一起努力之後，都取得了改變生命的成果。我依隨自己的心意收費，有時候是免費或很小的數字，有時候則是較大的數字，但它總會是一筆讓我覺得符合靈性能量的數字。

如果你認爲靈性導師就應該「收取一些錢，但不能太多」，那是基於靈性或經濟價值有其上限的錯誤觀念。這種觀點意味著，神之意識以某種方式去量化或限制了豐盛。但對神性來說，一切都是一樣的：沒有限制。可以是十美元的一本書，或是一萬美元的一對一支持課程，這對神性來說並沒有差別。認爲其中一個比另一個更有價值的想法，反映了我們自身對於不足和匱乏的恐懼。

透過解決和改變受阻的信念，你就可以打開生命中的豐盛之流。你會遵循種因得果法則，播下富足的種子，最終綻放幸福的財務生活。

克服財務匱乏之心態

你剛領到薪水，還來不及感受到那份甜美的舒緩，腦海中就已開始湧現一連串的賬單、債務和義務，都在等著要將你的薪水吞噬殆盡。這就好像在錢還沒入你的戶頭之前，你的財務狀況就已經「被預先決定」了。或者是這種情況——你避免去查看銀行戶頭，因爲你很擔心會看見的數字。你讓自己相信，與其面對可能不那麼美好的現實，還不如不要知道。聽起來很耳熟嗎？

一旦發現自己正在抱怨，或是在跟朋友半開玩笑地談論「汽油或雞蛋的價格高昂」或「永遠身無分文的困境」時，你就知道，自己已經陷入了財務匱乏的心態。

嘿，我們都經歷過這種時刻，對吧？

一旦抱持著匱乏的心態做事，你就是在播下匱乏和限制的種子。根據種因得果法則，你之後將獲得的經驗，會證實你對世界所抱持的受限看法。這是個自我實現預言。你相信未來只會匱乏，因此豐盛永遠不會到來。你不只是在維持現狀，而是主動去創造這種狀況，這個循環會繼續下去——除非你選擇打破。

抱持匱乏的心態，就有如在豐盛的花園裡種植雜草。由於太過關心擁有的還不夠，以至於在能量層面上，你沒有留下空間讓豐盛進來。而且說實話：如果你總是想著自己欠缺什麼，那麼根據種因得果法則，你只是種下了更多「不夠」的種子。

那麼，該如何翻轉這樣的思維劇本呢？

「種因得果法則」不只是空穴來風的垃圾話，而是實用的生命指南。得到你關注的事物，就會成長。因此，就讓我們把注意力放在豐盛、富足，以及所有渴望的東西上吧。準備好了嗎？

• **意識到受阻的信念**。改變任何心態的第一步，就是要知道它的存在。傾聽你內在關於金錢的對話，如果出現的句子是類似「金錢是萬惡之源」，或者「你必須努力工作才能賺錢」，那麼這些就是你的雜草，把它們拔掉！

• **翻轉思維劇本**。一旦找出了那些匱乏的想法，就用對你更有幫助的肯定句來取代。不要說「我的錢永遠都不夠用」，而是試著說「金錢可以輕鬆而充足地朝我流動而來」。

• **給予就能獲得**。從匱乏轉往豐盛的最快方法之一，就是給予。可以是金錢、時間或技能——任何你覺得適合的東西都行。要向宇宙發出信號，表示你有很多東西可以分享，這麼做，將邀請更多東西進入你的生命。

• **投資自己**。有時候，賺錢的最好方法，就是花錢，尤其是投資在長期會帶來回報的技能或工具上。

• **慶祝小小的勝利**。每當做出明智的財務決定時，都要給自己鼓勵。正向的強化，將有助於鞏固你嶄新的、豐盛的心態。

• **視覺化你的豐盛**。閉上眼睛，想像一下你所渴望的經濟富足生活。看到它、聞到它、感受到它。對你來說，富足是什麼樣的面貌？一個新家？生意興隆？家裡經濟有保障？

• **寫感恩札記**。每天結束時，記下三件與金錢和豐盛相關、值得感激的事情。沒有太多限制，可以是在路上撿到硬幣這種小事，也可以是像找到大客戶這種大事。你想感謝什麼，就感謝什麼。

練習：金錢顯化——種下豐盛的種子

目的

遵循種因得果法則，創造一個有利於財務成長和富足的心理環境。

做法

❶ **清除雜草**。寫下你對金錢抱持的所有受阻信念，這些就是你精神花園中的「雜草」。例如「前幾代人的生活很容易，我們這一代過得很辛苦」「我不擅長理財」，或是「要努力工作才能致富」等。

❷ **改變故事**。針對每一個受阻的信念，寫下反駁的陳述，將其轉化為正面的肯定句。例如，可以將「金錢是萬惡之源」，翻轉成「金錢是行善的工具」；或者

「我不擅長理財」，可以改為「我正在學習明智地管理金錢，以實現我的幸福和富足」。

❸ **播下你的種子。**閉上眼睛，放鬆心情。現在，在你的心靈花園裡，種下每一個正面的肯定句。將每一個肯定句，想像成你在肥沃土壤中種下的一顆種子。想像它們正在長成鬱鬱蔥蔥、碩果累累的樹木。

❹ **澆水和培育。**在一整天的時間裡，用關於金錢和豐盛的正面想法，來「灌溉」你的精神花園。每當你發現，自己又回到某個受阻信念時，停下腳步，有意識地用正面的反駁陳述來代替它。感受到正面的情緒，就好像這些肯定句是你當下的現實。

❺ **專屬的收成時間。**每週結束時，花點時間回顧財務狀況，或是對金錢所抱持的態度的任何變化。慶祝所有的勝利，無論是獲得了一個機會，還是覺得財務壓力減輕了。

「種因得果法則」指令

我是自身想法的主人，我是自身種子的播種者，我是自身現實的創造者。我意識到，我的想法是我播下的種子，而我的生活，則是它們生長的田野。

我將這些種子種在心靈的沃土中，並用喜悅、感激和愛的感覺灌溉它們。我知道，我今天播下的種子，將成為我明天的收穫，而我熱切地等待即將到來的獎賞。我相信生長的自然過程，明白我的種子會在完美的時機發芽、生長和茂盛。

我的每一個想法，都在播下種子；我的每一個動作，都在為它們澆水。每時每刻，我都在培育我所選擇的種子，並知道它們會結出我所渴望的果實。

我會與他人分享自己的經驗和收成的果實。我為他們的成功和收成感到高興，因為我知道，我們都是相互連結的，他們的快樂，就是我的快樂。

每時每刻，我都在培育我選擇的種子，並知道它們會結出我所渴望的果實。

「種因得果法則」反思自問

- 你在思想和情緒中播下的哪些種子，可能導致你目前的結果？
- 你現在可以播下哪些意念、信念和行動的種子，來顯化並確保你的豐盛？
- 你要如何運用種因得果法則，透過播下正向、愛和豐盛的新種子，來改變自己的人生路徑？

微詞的奧祕

如果你在心有微詞的情況下吃了它，你就會中毒。但你看，我什麼都能吃，因為我完全沒有微詞。

——阿布杜拉

微詞，這個詞聽起來或許愚蠢又無足輕重，但這些對「小事」所抱持的些微反對或批評，可能會減緩我們的顯化速度。

想像一下，花園裡的水管（就像我花園裡的那根粗水管）受到些許的擠壓時，水仍然會流動，但流速會變慢。捏得越大力或擠得越大力，水就越難通過。微詞的功能就像這樣，會慢慢限制我們的渴望和顯化的自由流動。

內維爾對自身嚴格的素食飲食感到自豪，他也不喝酒跟吃甜食。巴貝多之旅結束後，他將父親送給他的兩瓶最好的巴貝多白蘭地，餽贈給了阿布杜拉。讓內維爾大吃一驚的是，一週之內，兩個瓶子就都空了！他原本以爲，阿布杜拉會喝上一年。

阿布杜拉開玩笑地問：「喂……你本來以爲這些東西可以撐多久？」

還有一次，內維爾震驚地看著阿布杜拉狼吞虎嚥吃掉了豐盛的肉類晚餐，並以一大碗冰淇淋結束了這頓飯。

正如內維爾所解釋的：「他會坐下來，配著麥芽啤酒，把一頓大餐吃個精光，再來上三杯黑麥（威士忌），這就是眞正的靈性大師的飲食方式。」

內維爾疑惑地問：「阿布，爲什麼你能做到？」

阿布杜拉會心一笑，回答：「你做不到，你這樣吃會生病，因爲你心有微詞。」

阿布杜拉指出，內維爾對飲食的嚴格規定，是自我設置的障礙。阿布杜拉對這種自我鬥爭瞭如指掌。阿布杜拉在嚴格的東正教家庭長大，也曾茹素四十年。他孜孜不倦遵守所有傳統規則，但後來經歷了深刻的轉變。他的覺醒，使他獲得了超越自身最初宗教實踐的深奧知識。阿布杜拉對內維爾說：「內維爾，我不會跟你說『你瘋了』，但你知道，你的確是瘋了。所有的這些事情都很愚蠢。」

內維爾的父親開了一家雜貨店，所以在成長過程中，他什麼都吃。他在十七歲時來到紐約，並陷入了他所描述的「一種稱之爲施洗者約翰的狀態」。他說，在這種狀態下，一個人「會傷害自己的胃口」。在這種狀態下，他成爲了嚴格的素食主義者、禁欲主義者和滴酒不沾的人。

「施洗者約翰階段」象徵靈性追求中的一個階段，著重於自我否定、自我克制和抑制渴望。在這段期間，你可能會抑制食欲或自然衝動，以此作爲自我控制或靈性淨化的方式。相較之下，下一個階段通常被比喻爲「耶穌階段」，鼓勵你迎接生命中的歡樂和渴望。經歷這些靈性階段，可以幫助你找到一種平衡而和諧的方式，來顯化願望和需求。

一如內維爾所言：

> **我的朋友阿布杜拉告訴了我這個故事，而他在這個故事裡度過了四十年。他沒有碰過任何肉類，尤其是豬肉。他在猶太信仰中出生、長大，四十年都沒有碰過任何肉類。但可以確定的是，不僅四十年，他從出生到快八十歲，都沒有碰過豬肉。然後呢，在他的身上發生了和我一樣的事情。**

爲了解釋他的觀點，阿布杜拉講述了《聖經》使徒行傳中的一個故事。彼得看到各式各樣的動物和食物從天而降。天上有個聲音，叫他吃點東西，彼得說他不能吃，因爲食物不潔淨。那聲音回答：「我已經潔淨的，你不可再稱之爲不潔淨。」

這意味著生活中的一切，都是爲了讓我們享受而存在，把某些事物視爲「不好的」，我們就限制了自己。

對內維爾來說，這是改變人生的一課。他意識到，我們對食物、金錢、關係或其他任何事情的微詞，往往只是因爲自己的恐懼和批判浮現，並對我們造成了阻礙。

關於微詞（又名自製障礙）的另一件事是：它們確實會擾亂我們的顯化能力。顯化就是相信無限的可能性，並且相信神性會從我們的身上流淌而過，對嗎？可是，一旦我們堅持這些微詞，就好像在發送混雜的顯化訊息。我們試圖在將自己的渴望變成現實，但與此同時，卻也堅守阻礙它們成眞的信念。內在的這種拉鋸戰，有時會讓我們覺得顯化相當困難。

這就是爲什麼，了解我們的微詞是如此重要的一件事。微詞不是生命的事實，而只是我們一路走來獲得的信念。一旦能夠發現微詞的存在，我們就離釋放它們又更近了一步。

所以對你來說，問題在於：你能擺脫自己的微詞嗎？你看得出來，它們只是你的恐懼，在阻止你享受生命嗎？

這件事不僅關乎食物，而是理解微詞（無論是關於飲食、財務、關係或生活的任何方面）是我們自身的恐懼和批判的表現。有時實在很難相信，這些小事竟然會阻礙我們。這些自製障礙限縮了我們的體驗，影響了我們顯化眞實渴望的能力。透過將某些事物劃分爲「好」或「壞」，我們正在限縮自己感知和快樂的範圍。

微詞並非與生俱來的眞理，而是累積的信念。意識到它們的存在，意味著我們離解放自己又更近了一步。所以，問問自己：你是否因爲微詞，而扼殺了自己的生命？

釋放微詞，就能爲顯化鋪路。你渴求的所有美好事物（你的渴望），都在這些自我設置的障礙之外。覺察、理解並充滿愛地將之放在一旁，將會創造出空間，讓更多的愛、財富、快樂和生命進入。

自我驅使的健康與靈性實踐：走出墳墓

> 你做得太好了，所以你一無是處。而你正在試圖透過行善，來進入天國。你不吃肉，不吃任何肉類，也不喝任何酒，所以你如此良善。而且在現在這個年紀，你已經是禁欲主義者了。所以你把所有的火焰都藏在心裡，努力當個良善的人。
>
> ——阿布杜拉

在寫這一節的時候，我忍不住思考了自己的選擇。我不吃肉、不喝酒、不抽菸，現在我甚至選擇了禁欲。和年輕的阿布杜拉一樣，我從來沒吃過豬肉。我也沒有喝過咖啡。表面上看來，這些似乎是乾淨、健康的選擇，而且大多如此。這些選擇讓我感覺良好，無論是身體和精神上皆然。但問題在於：這些選擇眞的與健康有關嗎？還是我其實偷偷地認爲自己「比汝更聖潔」？

你瞧，我一直和阿布杜拉混在一起，而他教會了我關於微詞的事情。當然，過著符合自己價值觀的生活，眞的是非常棒。但如果這些價值觀或信念，其實限制了我的生活經驗呢？如果它們是我的微詞，那該怎麼辦？

所以，「聖潔」對我來說，到底意味著什麼呢？在當今這個世界，健康是新的聖潔。所謂的聖潔，是要設定一堆不該做的事和不能做的事，還是更關乎言行要更加呼應自己眞心覺得正確的事情？

不要誤會我的意思。我的那些選擇，給了我一種清晰、平靜和目標感。但問題是：我是否會因爲自己所設定的這些所謂「聖潔」的規則，而阻礙自己獲得其他奇妙的體驗呢？也許是時候來好好質疑這些微詞了。我曾經是生機純素主義者，但因爲對自己的身體來說並不健康，而不得不放棄。

我還沒有得到答案，不過沒關係，畢竟，這是一趟旅程，每一天都提供了學習、成長和自我反思的新機會。我正在學習提出這些問題，來挑戰自己的信念，探索自己的微詞。

邀請你也一起這麼做。讓我們質疑自己的微詞，挑戰自我施加的限制，並擁抱生命所提供的一切。

多年以來，內維爾一直過著斯巴達式的生活，迴避了生活中的許多樂趣。他相信，這種自律的生活方式，會讓他在靈性層面上更加純潔；阿布杜拉卻有不同的看法。他認爲，自我施加的限制或微詞，常常成爲個人和靈性成長的障礙。他覺得，內維爾對某些事情的迴避，是一種微詞。阿布杜拉相信，世界雖然充滿各種歡樂，但本質上並無好壞之分。正是我們在自己內在建構的那些障礙，限制了自身的經驗。在內維爾顯化了巴貝多之行後，阿布杜拉說：

內維爾，一旦證明了這個法則，你就會變得正常了。你會走出墳墓，走出那個你認為自己是聖潔的、已然死亡的過去。你知道嗎，對於你真正在做的一切，你做得太好了，內維爾，所以你一無是處。

「走出墳墓」這個概念，是阿布杜拉用來描述自我限制和停滯狀態的強大隱喻。在這種情況下，「墳墓」代表了停止成長和進步的地方——一種死氣沉沉的狀態，我們嚴格遵守某些規則或信念，而這件事讓我們沒有辦法過著充實而充滿活力的生活。

透過要內維爾從墳墓裡走出來，阿布杜拉其實是在敦促他擺脫限制性的信念和行爲。在內維爾回到紐約之後，他就放棄了禁欲的生活方式，包括戒酒和戒菸，他以前覺得，這麼做對靈性發展來說至關重要。他轉而擁抱更輕鬆的生活方式。

阿布杜拉的信息提醒我們，靈性成長和顯化不一定來自自我強加的潔淨純粹或自我否定。相反地，想要獲得靈性成長和顯化，應該要擁抱自由，過著愉快的生活，同時仍然與神性保持連結。

因此，讓我們捫心自問，自己是否一直在堅守著某些微詞不放，以致無法充分體驗人生？我們是否生活在自己製造出來的隱喻性墳墓之中？是時候審視我們的信念，放棄自我強加的限制，張開雙臂擁抱生活了。讓我們走出墳墓，盡情享受生活吧。

一旦鬆開水管，讓生命流動，你顯化渴望的途徑，就會變得越加清晰。

意識到自己的微詞

讓我們深入探討一些容易出現微詞的典型範疇吧。

先從金錢著手，如何？你有沒有想過，你得累得半死才能過上像樣的生活，或者搞靈性的人不可能大富大貴？這些都是典型的金錢微詞，會阻礙你的財務之流。

那麼愛情呢？有沒有過這種感覺，所有超棒的另一半都已經被人搶走了，抑或你需要犧牲自己的靈魂，才能維持一段關係？沒錯，這些都是愛情上的微詞，是建立有意義關係的障礙。

或者，你可能認爲自己已經太老了，無法追求新的夢想，或者生活理當艱難。我的朋友，這些自我設限、受阻的信念，是個人成長中的微詞，會阻止你綻放最好的自己。

留意到什麼熟悉的地方了嗎？擺脫束縛的第一步，就是要先發現這些自我設置的障礙。我們都有這些想法，而且它們本質上並不是壞事，只是我們在不知不覺間採納了一些受阻的信念。一旦質疑它們是否有用，眞正的魔法就會開始奏效。

想像一下沒有這些限制的生活，就像從黑白世界突然進入彩色世界。擺脫微詞之後，你會發現更廣闊、更有活力的世界，充滿了機會。這些機會其實一直都存在，只是被你過去的觀點隱藏起來了。

拿掉感情關係的障礙，愛情就會變得更自然、更充實。不再有先入爲主的觀念，認爲感情一定是困難的。相反地，你會找到彼此的平衡和相互尊重。

擺脫了金錢微詞的負擔，你就會獲得財務上的豐盛。金錢與靈性不能共存的罪惡感或錯誤觀念已然消失。你對富足抱持開放態度，就是這麼簡單明確。

告別阻礙你成長的信念吧。一旦擁抱自己尚未開發的潛力，年齡的多寡和過去的經驗都將變得無足輕重。

重點在於，放棄微詞就會開啓充滿可能的全新領域。就好像你走進了一個房間，裡面裝滿了你想要的所有好東西——只是現在，你不再阻止自己動手了。

透過擺脫這些限制，你可以使自己與自身的願望相互呼應，從而使它們更容易實現。到頭來，沒有微詞的生活，是一種你可以自由追隨夢想、拓展視野、擁抱曾經看似遙不可及的體驗的生活。

所以，你要不斷質疑，不斷成長，最重要的是，不斷向生命中無盡的機會敞開。相信我，你值得！

「微詞」指令

我值得擁有最好的生活。

今天，我掌握了自己的命運。

我不再允許微小的反對意見，來塑造我的現實，或限制我的道路。我不再受到過去的恐懼或感知到的限制所束縛，因為它們只是以前的自我投射出來的陰影。今天，我選擇踏入自身潛能的陽光底下，把那些陰影拋諸腦後。

我值得擁有最好的生活，其他的微詞都只是我準備清除的幻象。今天，我選擇超越這些幻象，看到生命所提供的豐盛。

我將致力於自我發現、成長和無限的潛能。

我就是我，我是無缺的。事實上，我不只無缺，更是綽綽有餘，而且還擁有實現最偉大夢想所需的一切。

這是我對自己的承諾，不只是今天，而是每一天。我值得擁有最好的生活。

「微詞」反思自問

- 找出目前生活中存在的微詞（自我施加的限制）。對你來說，這個微詞有什麼功用？
- 沒有自我設限的生活，會是什麼樣的感覺？
- 以不抱有任何微詞的心態，去想像自己的生活，會有什麼樣的變化呢？

死亡與重生的奧祕

你將會死去，但不是真的死去。

——阿布杜拉

在內維爾前往巴貝多進行那趟影響深遠的旅行之前，阿布杜拉對他說：「所以你要去巴貝多了。我告訴你，你將會死去，但不是眞的死去……但你會死去。」內維爾以爲，阿布杜拉的意思是肉體的死亡，而他將死在那趟旅程之中。

內維爾離開了，心裡帶著對神祕訊息感到的困惑。他說：「所以呢，我開始想，好吧，我會死，死在巴貝多。我沒有死在巴貝多，但同時我也死了：我不再堅守過去的堅持，過去的我死了。」

在巴貝多的時候，他花了三個月參加各種派對和聚會，但不吃任何肉，也不喝任何酒。這是他已經奉行了七年的做法。等到他登上返回紐約的船隻，他發現自己和其他幾個人坐在餐桌旁。與平常的習慣相反，他縱情地喝酒、喝湯、吃魚、吃肉。過去七年來所奉行的每一項限制，他都在一夜之間拋開，並在餘下的旅程中也繼續這樣做。

內維爾後來意識到，這就是阿布杜拉的意思。他已經擺脫了舊習慣，那些束縛了他七年的自我設限。這是一種隱喻性的死亡，拋棄舊有的信念、微詞和行爲模式，讓嶄新的自由與自我覺察得以到來。

透過擺脫舊有的自我概念並擁抱嶄新的自由，內維爾得以更深入地理解和應用他所教導的靈性原則。

隱喻性的死亡，意味著放棄舊有的身分、信念和限制，讓更有力量的嶄新自我得以現身。在顯化渴望的過程中，隱喻性的死亡扮演關鍵的角色。它能幫助我們克服受阻的信念和先入爲主的觀念所形成的障礙，而就是這些障礙，讓我們無法實現夢想和抱負。

這個概念的想法是關於「隱喻性的死亡」，代表放棄阻礙我們前進的舊思維模式，擁抱嶄新的思維方式，幫助我們實現目標，成爲最好的自己。

作爲在地球學校就讀的人類，我們經常深深依戀（或沉迷於）自我建構或自身經歷所塑造的身分。儘管抱持著這些身分相當舒適，但也可能會成爲成長和顯化的障礙。要眞正發揮自己的力量，就必須放棄舊的自我，或者讓他「死去」。這個過程，不是要你失去現在的自己，而是要讓你擺脫不再能夠成爲你的力量的那些層面。這是一場重生，一場覺醒，會讓你變得更有力量。一旦擁抱轉化，你就必須堅持呼應你所渴望之事物的新身分。這種身分上的轉變不只是一種改變，而是一場重生。

死亡並不存在

阿布杜拉將肉體的死亡稱爲「將身體放回他撿起的地方」。

在談到眞正的死亡時，內維爾教導說，死亡並不存在。他認爲，我們所感知到的死亡，只是轉換成另一種存在或意識狀態。他教導說，生命是永恆的，死亡只是幻象。

他認爲每個人都是神性的顯化，我們每一個人都是相互連結的，是同一個無限意識的一部分——這個想法與一些靈性傳統相吻合。這些靈性傳統將生與死視爲連續性循環的一部分，或是不同意識狀態之間的發展。

阿布杜拉教導內維爾這一點，的確有其道理。在衣索比亞人的想法中，存在著一些靈性傳統。這些靈性傳統也認爲，每個人都是神性的顯化，彼此是相互連結的，都是同一個無限意識的一部分。換句話說，所有生物與靈性世界之間是有連結的。

在許多此類靈性傳統中，死亡並不被視爲生命的終結，而是被視爲轉化爲另一種存在的形式，或是意識焦點的變化。這種觀點，與我們都是無限意識的一部分的概念相呼應，而死亡則代表了這種連續性中的一個變化。

阿布杜拉的能量至今依舊生龍活虎，本書直接來自他的神性傳承。我感受到他的意識賦予我力量，讓我能夠跟你分享他的智慧。死去的人，並沒有眞的死去。

衣索比亞人的靈性傳統包括基督教、猶太教、伊斯蘭教和原住民信仰體系，每一個都有與以下觀念一致的元素：每個人都是神性的顯化，我們彼此都是相互連結的，是同一個無限意識的一部分。

幻滅與靈魂的黑夜

有時候，生活會丟過來一顆變化球，使我們質疑起一切。這種死亡的感覺，就好像我們腳下的支柱忽然被抽掉了一樣。無論你相信與否，這種幻滅的感覺，可能是件好事。這就像一記警鐘，能讓我們重新評估自己的信念、態度和習慣，而這可能是邁向正向改變的第一步。

「艾莉」是我的一位靈性企業家客戶，她一直認爲擁有很多錢，會讓她感到快樂。但在終於獲得經濟上的成功之後，她仍然感到空虛，壓力反而更大。這種幻滅感，促使她重新思考對成功和快樂的看法。幻滅成爲她改變的強大力量。

讓陳舊的自我死去，讓嶄新的自我得以出現的概念，與靈性轉化息息相關。這個過程，能夠讓你擺脫不再有用處的破碎信念、習慣和自我認同，並迎接更廣闊的嶄新存在方式。這種轉化通常發生在激烈掙扎或痛苦的時期之後，有時會被稱爲「靈魂的黑夜」。

「靈魂的黑夜」一詞，出自十六世紀西班牙神祕主義者聖十字若望（Saint John of the Cross）的一首詩，指的是與神性結合的路途上存在的靈性危機。在這個階段，你可能會感受到情緒上的強烈痛苦、存在上的懷疑，以及與高我或神性之間的分離感。這是一段淨化的時期，你長久以來累積的所有錯誤信念、幻想和執著，都會浮出水面，並得到釋放。

這個黑夜，常會讓人感到空虛、孤獨、絕望和失去生命的意義。你可能會覺得自己在荒野中徘徊，找不到出路。這種黑暗並不是一種懲罰，而是你靈性道路上必要的一部分。

在經歷強烈的內在轉化時，你的陳舊自我，連同其過時的信念、自我認同和行爲模式，正在消亡。對於嶄新的自我來說，這個陳舊自我死亡的過程是必要的，一如不死鳥會從灰燼中重生。

在希臘神話中，不死鳥是一種能活數百年的傳說之鳥。在生命週期結束時，牠會築巢，點燃巢穴，然後被火焰吞噬。一隻新的鳳凰會從灰燼中脫胎換骨、浴火重生。

在基督教中，其核心概念是復活。它象徵生命戰勝死亡、光明戰勝黑暗，以及重生和救贖的可能性。在靈性重生的過程中，你也可以體驗到這種復活，從陳舊自我的灰燼中復活，帶著嶄新的目的感、方向感，以及與高我和神性的連結而重生。

擁抱生命的獻禮

阿布杜拉教導內維爾「比施洗者約翰還大的人」的轉化性敘述，意味著意識從約翰的狀態（有限的意識）轉化為耶穌的狀態（廣闊的意識）。跟著阿布杜拉學習後，內維爾相信：「《聖經》是代表人類意識的心理劇。」我上過「把《聖經》視為文學」和「把《聖經》視為歷史」的兩種課程，所以我覺得這個思考過程很有趣。

正如我們在上一章中討論的，四十多年以來，阿布杜拉都是嚴格的素食主義者，並且由於信仰的緣故，一生中從未吃過豬肉。有一天晚上，上帝在異象中對他說話，質疑他不願意吃別人提供給他的食物，卻期望對方吃食他所提供的食物。阿布杜拉是一名老師，他觀察到，主人會不遺餘力地為他準備素食和非豬肉飲食的餐點。

看見異象之後，阿布杜拉受邀參加一場宴會，並擔任貴賓。主菜是一隻嘴裡塞了番薯的烤乳豬，這是他四十多年來一直在迴避的美味佳餚。

阿布杜拉吃了豬肉，打破了他的東正教信仰和素食原則。神性的訊息提醒他，如果他希望別人接受他的教導，他也必須接受對方所提供的東西。

阿布杜拉能夠不受限制地擁抱生活中各個層面的能力，也是他教導的一部分。他明白靈性成長需要放棄僵化的信念，並接受完整的生活。阿布杜拉活了一百多歲，正如內維爾所說，他回到了祖國衣索比亞，放下了一個世紀前撿到的肉身。

重生的祝福

你知道，終有一天，那個夢見你生命的存有，將會醒來，而你將因為自身的經歷，而超越你最狂野的夢想。

——內維爾

在陳舊自我的死亡和重生的過程中，你可能會發現，自己更貼近了眞實的自我和靈魂的意圖。在釋放阻礙你的信念和身分之後，你的一言一行將出自更高層的意識。

在那種狀態下，你會更適應自己可以獲得的無限可能性和豐盛。

你可能會體驗到更多的快樂、平靜、愛和滿足，也可能會發現自己與直覺的連結更加深層、清晰，並對自己和周圍的世界有了更廣闊的理解。

雖然靈魂的黑夜和陳舊自我死去的過程，可能相當令人難以面對（一些人可能會形容爲可怕），但那是你的靈性之旅不可或缺的一部分。擁抱轉變吧，它將爲你帶來更廣闊、自由和充實的生活。

讓自己經歷隱喻性的死亡，放棄陳舊的信念和習慣，將爲你的重生鋪路。這就像用嶄新的眼睛醒來，感覺自己恢復元氣、煥然一新，準備好以全新的方式擁抱生命。

擺脫過去的限制，創造出空間，讓更強大、更有自信的自己來到。嶄新的你擺脫了舊有的不安和恐懼，可以自由探索、充分體驗生活。

所謂的重生，並不是指忘記過去，或假裝過去從未發生，而是整合你生命的經驗，並利用它們作爲踏腳石，顯化出最好的自我。

一個小孩將會領導他們

在一九三三年，阿布杜拉送給了內維爾一張紙，上面的文字留下了恆久的影響：

「萬王之王，永生者，被稱爲基督的那位，人們必須永遠記得，他是一個小孩子。」內維爾小心翼翼地將這張紙放入一本舊《聖經》之中，保留了導師給他的重要教導。

阿布杜拉是在提醒內維爾，在轉化的過程中保持開放及童心的重要性。孩子的生活方式無拘無束、抱持好奇、願意接受新的經驗，而不懷疑或憤世嫉俗。讓你的「嶄新自我」誕生，擺脫過去的束縛，並準備好以孩子般的驚奇心情來顯化吧。

擁抱孩子般的態度，意味著將每一天都視爲機會，去體驗新鮮、無負擔、不受過去的包袱所困囿的生活。這意味著不斷成長並保持開放的心胸。

內維爾的重生

內維爾與阿布杜拉每週進行靈性工作七天，持續了七年。內維爾無力支付阿布杜拉費用，因此幫忙阿布杜拉打掃公寓，藉此換取課程。但我很確定，無論情況如何，阿布杜拉都會教他，因爲這一切都是神性的安排。

還記得阿布杜拉和內維爾第一次「見面」時，阿布杜拉說，他會給內維爾所有他需要的教導，然後就繼續前進嗎？內維爾的朋友福里頓·貝瑞證實，阿布杜拉鼓勵內維爾張開翅膀：「因此，在阿布杜拉認爲內維爾已經接受了足夠的教導——也就是整整七年——之後，他就向所有人關上了大門。他沒有把報紙拿進門，也沒有在牛奶送抵之後去取，透過這種方式，他告訴內維爾，『你已經離巢了，你必須離開，你必須去做那件事。』」後來內維爾跟人借了五美金，租了一個空間，並發表了他的第一場課程。

在終於從阿布杜拉那邊「畢業」之後，內維爾的朋友伊斯瑞爾·雷加迪，將當時的情況描述爲：「他得以鬆開阿布杜拉的裙襬，憑藉自己的能力成爲老師。」內維爾的「阿布杜拉的學生」身分必須死去。而曾幾何時，他幫阿布杜拉打掃住家，藉此換取食物和知識。

關於阿布杜拉身體上的實際死亡，內維爾是這麼說的：

> 阿布杜拉？活到了一百多歲的他，有個強烈的願望，那就是要把肉身放回他撿到的地方，也就是衣索比亞。我上次見到阿布杜拉，大約是八年前在紐約。大約七年前，我遇到了他的祕書，她表達了他的要求，並說他計畫返回衣索比亞。從那時起，我就再也沒有見過阿布杜拉或他的祕書，也沒有收到他們的任何消息。

轉化和重生是持續的過程。阿布杜拉返回衣索比亞的渴望，反映出生命和靈性成長的週期性。就像阿布杜拉試圖透過回到家鄉來完成自己的循環，我們可以將隱喻性的死亡和重生的過程視爲循環的旅程，每個循環都能讓我們更接近眞實的自我和渴望。

在蓋亞那，如果有從此生過渡爲另一種存在之後的人，來到夢境中拜訪我們，我們會說，他們夢見了我們。不是我們夢見他們，而是他們夢見我們——作爲一種拜訪的形式。我的叔叔史蒂夫去世後，他夢見了我，並警告我趕快去他在布魯克林的家人那邊，查看文件資料。我完全不知道他在擔心什麼，結果事實證實，他們正在出售他的房屋。

在肉身死亡之後，阿布杜拉「夢見」了內維爾。他說，阿布杜拉（他們相遇時，阿布杜拉已經八十多歲了）看起來不到四十歲，身高比以前高十五公分，是個白種人。這就是內維爾對他的想像：「在這種純粹的威嚴中巍然屹立，在夢裡的他，從未在地球上穿過這樣的肉身。」內維爾表示，除了身體上的變化，「莊嚴的身影」在身分上沒有任何變化。

毫無疑問，那是阿布杜拉。

在夢中，阿布杜拉和內維爾正在討論內維爾當晚演講的主題。隨後，阿布杜拉拿了一臺小型錄音機給他看，並用以下的話解釋了錄音機的用途：

現在你知道了，內維爾，它只會迴響而已，這就是它所能做到的一切。這就是世界，世界只是機制，只是機械。整個廣闊的世界，神之永恆世界的永恆結構，所有的肉身都跟它一樣，只是機械。而現在，你不會對著它說話，你只需要聆聽，你將會去聆聽，而你聽到的內容，會在那裡播放。你所聽到的，從你內在聽到的，你實際聽到的，你會在那裡播放出來。

阿布杜拉用錄音機提醒我們，世界映照了我們內在的想法和信念。世界並沒有爲我們創造新的體驗，只是播放了我們內在的想像和假設。

爲了展示給他看，阿布杜拉要求內維爾傾聽內在，並想像聽到某些朋友的聲音。在內維爾這樣做的時候，阿布杜拉在錄音機中播放出了想像中的聲音，儘管沒有一個字是大聲說出的。錄音機附和了內維爾想像的聲音，就像世界附和了我們內在的信念和假設。

如果想要改變外在的經歷，就必須先改變自己內在的想法和假設。隱喻性的死亡，包括擺脫受阻的信念和自我設限，因爲這些信念和限制會讓我們無法充分發揮潛能。這個轉化和更新的過程，讓我們有機會顯化符合眞實自我的生活。夢中的錄音機提醒我們，開啓這股力量的鑰匙，就在我們體內。只要改變內在的信念，我們就等於鋪好了道路，讓外在的世界得以重生。

在你的生命中，有什麼必須讓它死亡的東西呢？

如何讓舊的自我死去？

讓自己經歷隱喻性的死亡，我們就能蛻下過去的外皮，重生到一個新的、更有力量的存在狀態。

以下是讓舊的自我「死去」並經歷轉化的方法：

• **擁抱改變**。我們抗拒改變，因爲改變會讓人不舒服，而且會讓我們走出舒適圈。與其抗拒，不如擁抱它，將之視爲成長和轉化的機會吧。

• **放下執著**。我們常因爲對事物、人或情境的執著，而緊抓住不放，哪怕它們已經毫無益處。這些執著會產生阻礙，讓我們無法繼續前進。放下執著，可以幫助你擺脫過去，讓新的經驗和機會得以來到。

• **質疑你的信念**。我們的許多信念都是在童年時期形成的，抑或是過去經驗所產生的結果。它們不一定是眞實的，也不一定都能對我們的現況有所助益。質疑你的信念，它是眞的嗎？還有益處嗎？如果沒有，那是時候讓它離開了。

• **寬恕並放下**。堅持怨恨、憤怒或傷害，只會危害到你自己。它會讓你困在過去，並阻止你前進。原諒傷害過你的人，不是爲了他們，而是爲了自己。放下痛苦和怨恨吧。

• **重塑自我**。在放棄陳舊的事物之後，是時候重塑自己了。你想成爲怎麼樣的人？你想要過什麼樣的生活？想像最理想的自己，然後開始過著彷彿你已經是那個自己的生活。

• **相信這個過程**。轉化可能會遇到挑戰，過程並不總是一帆風順。有時候，你會感受到失落或困惑。沒關係，你要知道，這都是成長的一部分。

透過放下舊有的事物，你就可以挪出空間，讓嶄新的事物進入。你會成爲更有力量、更快樂、更充實的自己，能夠輕鬆顯化自己的渴望。

練習：清明夢——夢境程序

在你之內做夢的人，就是神。今晚做夢時，問問自己，你身在何處。

——內維爾

目的

透過清明夢，直接與潛意識接觸。

所謂的清明夢，是你在還沒有醒來的狀態下，卻意識到自己正在做夢。在清明夢中，你會意識到周圍的一切，都是你的思維所創造的，而這種覺知，能使你有能力控制和改變夢境。這種做法，能夠完美地跟隱喻性的死亡和重生結合在一起，因為它可以幫助你找出和釋放陳舊的信念、面對各種恐懼，並在夢境狀態的安全範圍內，擁抱那些嶄新的可能性。

清明夢提供了空間，讓人得以成長、療癒和顯化自己的目標。它可以讓你沉浸於自身所渴望的現實之中。透過控制夢境，你就可以有意識地去創造符合自身目標和意念的場景。這是一種對潛意識進行「編修」的方法，以在醒來後的生活中，顯化你的諸多渴望。

一如內維爾所言：

在夢境中，我們通常是自身視界的僕人，而不是主人，但夢境內部的幻想，可以轉變為外在現實。在夢境中，就像在靜心冥想一樣，我們會從這個世界進入維度更寬廣的世界，而且我知道，夢境中的各種感知形式，並不是當代心理學家所認為的平面二維圖像。

在清明夢中，你可以生動而有意識地顯化自己的渴望。透過創造出理想的場景，並沉浸在夢境的情感之中，你就可以將潛意識和能量與渴望的結果結合起來，使之更容易顯化。

清明夢這個技能需要時間培養，但它是個強大的工具，值得你投注心力去做。

做法

❶ **設立你的意圖。**臨睡前，設立一個明確的意圖，讓自己得以意識到並控制夢境。重複一個簡單的陳述，例如：「今天晚上，我會意識到自己在做夢，而且我可以掌控那個夢境。」

❷ **放輕鬆。**躺在床上時，花點時間放鬆身體，讓思緒平靜下來。進行短暫的靜心冥想，把注意力放在呼吸上，釋放掉緊張或壓力。

❸視覺化你所渴望的夢境。在放鬆的狀態下，開始想像你想要體驗的夢境。為你想要體驗的環境、物件和感覺，創造出生動的心理圖像。

❹留意夢中的物體。一旦發現自己身在夢中，要密切注意任何沒有生命，或是靜止的物體（例如椅子、桌子、樓梯或樹）。意識到它們的真實性、立體性和實體性。

❺抓住一個物體，並命令自己醒來。一旦發現自己在做夢，就伸出手，去抓住夢境中的一個物體。牢牢抓住以後，就在心裡命令自己醒來，要帶著強烈的意念，好讓自己能夠完全意識到這是一場夢，並得以控制夢境。

❻在夢境中甦醒。在夢境中甦醒後，你會發現自己處於全新的意識領域。你將能完全覺知並控制自己的關注，並可以按照自己的意願來塑造和引導夢境。

❼探索和顯化。在這種清醒的狀態下，探索夢境世界，與環境互動，並將你渴望的顯化變成現實。擁抱伴隨你的創造而來的情感和感覺，並知道這種體驗有助於將它們帶入你甦醒後的現實。

❽回顧並記錄。醒來以後，回顧自己的經驗。寫下夢境的細節、你的感受，以及你獲得的任何見解。久而久之，這種練習將增強你做清明夢的能力，也有助於顯化渴望。

「死亡與重生」指令

如同不死鳥，我從灰燼中重生。釋放受阻的信念、自我懷疑和自我否定，我讓轉化和新生進入我的生命。舊我必須死去，新我才得以誕生。

如同不死鳥，我從灰燼中重生。我張開雙臂，擁抱新的自己。我欣喜地迎接這些改變和轉化，因為我知道，它們會為我帶來我渴望的生活。

在重生的過程中，我懷著感激、感恩和喜悅，放下過去，迎接未來。如同不死鳥，我從灰燼中重生。隨著每一天過去，我離自己的目標越來越近，充滿信心和目標地前進。

我受到內在神性之靈的支持和引導。

「死亡與重生」反思自問

- 回想你經歷過的「隱喻性死亡」時刻：拋棄了陳舊的習慣或信念，擁抱嶄新的思維或存在方式。那樣的時刻對你有什麼影響？

・你是否經歷過「靈魂的黑夜」，一段激烈的內心掙扎或幻滅的時期？這個充滿挑戰的時期，如何幫助你成長或轉化？

・你所接受的哪些新信念或新態度，能讓你在生活中做出正面的改變？

超感知覺的奧祕

你已經忘記了。幾千年前，我們就在中國，但你發誓要徹底忘記這段過往，以便扮演你現在必須要扮演的角色。

——阿布杜拉

在墨菲博士第一次見到阿布杜拉時，他得到了一個驚人的啓示。阿布杜拉自信地表示，墨菲不是自己一直認爲的、五個孩子裡的其中一人，而是六個孩子裡的其中一員。他們之前從未見過面，也沒有過任何互動。從小到大，墨菲只知道自己有四個兄弟姊妹，他沒有任何理由相信，自己家裡還有更多成員。

墨菲是出生於愛爾蘭的藥劑師、授任祭司和牧師。他曾在印度跟聖賢一起研究印度教教義，還寫了三十多本書。

墨菲感到很困惑，於是去找他的母親。阿布杜拉是對的，墨菲確實還有一個兄弟，只不過胎死腹中。家人選擇不要提起，這位兄弟的存在，一直是家族的祕密。

這個啓示，讓墨菲打開了靈性理解的新境界。他與阿布杜拉教授的會面，以及隨後的這一發現，標示了他靈性旅程的轉折點。

除了擁有超能力，阿布杜拉還具有深層的連結能力，這證明了他意識的廣度。他具有超能力，以及心電感應的能力，可以有意識地進行星界旅行[1]，並且善用自己的夢境；他能夠通靈，也能夠接收神性的啓迪，並具有前世的回憶。

你與生俱來的直覺天賦

你知道嗎？你擁有一個神奇工具箱，裡面裝滿了你甚至不知道自己擁有的禮物，就是我所說的「超感天賦」。它們就像魔法一樣，包含了從心電感應和通靈意識，到記住前世和星界旅行的一切。這些特殊能力，不僅僅是派對上的小把戲。這些非凡的天賦至關重要，能夠讓你在顯化和有意識地創造生活上，更上一層樓。

在過去，超感知覺（extrasensory perception，簡稱ＥＳＰ）被廣泛使用，涵蓋一

1 譯註：指的是在有意識的情況下，讓意識離開肉體，去拜訪不同的空間和維度。

系列與直覺能力和經驗相關的現象。所謂的超感知覺，是指感知或獲得五感以外資訊的能力。心電感應、通靈能力和星界旅行，都被認爲是超感知覺的表現形式。這些天賦讓我們進入直覺、能量和靈性的領域，擴大了人們對周遭世界的感知和理解。雖然如今已不常使用，但超感知覺這個概念仍包含這些非凡的能力。

阿布杜拉體現了超感知覺的力量。他的超能力非常強大，似乎能以令人難以置信的精確度來預測事情。在阿布杜拉第一次見到內維爾時，他說：「內維爾，你遲到了六個月。早在六個月前，兄弟們就告訴我說，你會來到這裡。我會一直待在這裡，直到你得到了我所必須給予你的一切。然後我就會離開。」內維爾大吃一驚，因為此前，他們從未見過面。

毫無疑問，阿布杜拉對星界旅行的精確掌握，使他能夠超越物質世界的界線，這件事情證明了，現實並不局限於我們所能觸摸得到或看得到的東西。透過利用超感知覺的力量，我們也可以步入一個意識能夠擴展、充滿無限可能性的世界。

這些天賦的美妙之處在於，它們得以讓你更接近自己的本質，讓你能夠覺知眞實的自我，以及你可以做到什麼事情。它們顯示出你體內和周遭能量的不斷流動，讓你一窺自己無盡的潛力。我們無法創造或破壞能量，但可以利用和引導能量。

這些超感天賦提醒我們，一切——是的，任何事情——都是可能的。唯一會限制我們的，就是我們自身的想像。

不覺得超酷嗎？

我們都擁有直覺天賦。在有意識地進行顯化時，要跟自己的直覺保持緊密連結。你的內在指引將引導你採取對應你的渴望之行動，並覺察到任何阻礙你進步的因素。

擴大我們對「超能力」的認識和理解，可以顯著增強我們的顯化能力。所謂的超能力，是與我們的感官相對應的各類型特異能力。每種超能力都代表一種接受直覺引導的獨特途徑，在進行有意識的創造時，這些超能力可以提供寶貴的洞察。

超感視覺，讓人得以看見超越物質領域的景象；超感聽覺，包括透過聲音接收直覺訊息；超感感覺，涵蓋了透過感受或感覺來接收心理訊息；超感知覺的特徵，是對某件事情突然有了清晰的理解；超感味覺，包括在不吃或不喝任何東西的情況下，還能體驗到味道；超感嗅覺，則是指能夠偵測到非物質性的氣味，並視之爲訊息或標誌。

舉例來說，超感視覺能力發達的人，可以更生動地視覺化目標，爲他們的顯化實踐增加深度和細節。另一方面，擁有超感聽覺的人，可能會從歌曲或聲音中聽到直觀的訊息。擁有超感感覺的人，可能會感受到某種身體感覺，而那樣的感覺，能夠引導他們做出選擇。而擁有超感知覺的人，可能會突然「知道」需要採取的步驟。

發展這些超能力，讓我們得以透過將行動與直覺接收到的引導相結合，來加強我們的顯化過程。這些能力提醒我們，人與人之間是緊密相連的，並且能夠透過利用和信任遼闊浩瀚的宇宙智慧，來顯化自己最深層的渴望。

越能理解和培養自己的超能力，就越能有效地進行顯化。這些能力（或說是直覺訊息的管道）可以幫助我們將思想、情感和行動，與神之意識的能量流結合起來，讓我們將夢想化爲現實。

提防錯誤的信念

在大西洋城，有人告訴一位與阿布杜拉有聯繫的婦人，說阿布杜拉有能力，去傷害住她家附近的一名男子。她於是提議給阿布杜拉三百美元（這在當時是很大一筆錢），希望他能出手毀掉她的鄰居。

阿布杜拉對她說：「親愛的，不管是誰建議你這麼做，對方都是個傻瓜。神是愛，就只是愛。首先，就算我有那種力量，我也不會使用，不會朝那個方向去使用，而其次，那種力量的功用，也不是這樣。」

那女人立刻就覺得阿布杜拉很沒用。她去找了另一個所謂的靈性大師，這人是阿布杜拉的鄰居，內維爾稱他爲「騙子中的騙子」。他很高興地收下了三百美元。內維爾用這個故事來說明，這類詐欺者是如何利用人們的信念和恐懼，而大肆猖獗。

何謂輪迴？

（阿布杜拉）說：「六個月前，（兄弟們）就告訴我，要等待內維爾，內維爾會來，在內維爾得到你必須要給他的一切之前，你不能離開這座城市。等你走了以後，他必須繼續前進。」而他就是這個男人……我以前從沒見過他……我想不起他是誰。然後他說：「你沒有任何記憶，但記憶會回來的，所有的記憶都會回來。」

一開始，對於是否要跟阿布杜拉會面，內維爾感到猶豫不決。他不斷拖延第一次見面的時間，直到再也找不到任何藉口。兩人會面時，阿布杜拉直接叫出了內維爾的名字。內維爾一臉困惑，阿布杜拉回答：「沒錯，你的確認識我，但你已經忘記了。幾千年前，我們就在中國，但你發誓要徹底忘記這段過往，以便扮演你現在必須要扮演的角色。」

那麼，你承諾要扮演哪些角色呢？

一位女士寫了一封信，講述了自己在內維爾一次講座期間的經歷。在望向站在講臺上的內維爾時，她看到的並不是原本的內維爾，而是一位中國古代哲人。這種視覺上的轉變，持續了整場講座。想到這件事情時，她憶起了幾年前的一次超感體驗。在那個幻象中，她被同一個中國古代學者帶進了洞穴，在那裡頭，他們目睹了一個繭在花崗岩上破開，釋放出水和彩油的混合物，發散出熱度上升的感覺。在這場發人深省的經歷後，古代的人物引導她回到了她所在的群體，而他們並沒有注意到她曾短暫離開。

將這些點狀的線索連結起來，她意識到眼前的內維爾，正戴著她過去經歷過的那位古代哲人的面孔。這也是阿布杜拉在一九三一年時，與內維爾分享的事實。雖然內維爾對此毫無記憶，但他明白箇中的概念。他相信，自己已經清空了過去的所有記憶，全心全意地踏上了人生的旅程，並確信自己的起源和命運是相同且一體的。

內維爾將這件事當作提醒，也就是說，於存在的偉大計畫之中，人必須活過每一個部分，必須扮演每一個角色。在他看來，這就像演員全心投入角色之中，並對每個角色都深信不疑。

輪迴是一個哲學或宗教的概念，意即個人死亡之後，靈魂會在新的身體裡重生。這種出生、死亡和重生的循環，會持續許多世，並且是各種信仰體系的核心原則，包括約魯巴人、祖魯人，和奈及利亞的伊博人，以及印度教、佛教和某些新時代哲學的中心原則。

輪迴的過程，通常與宇宙的業力法則連結在一起，這表示一個人一生中所做的各種行爲，會影響他們來世的命運。

輪迴是靈性進化和學習的途徑。靈魂自願選擇忘記其神性起源，以充分體驗每一生的人類狀態，並從中學習。這個循環實驗的最終目標，是扮演每一個角色、學習每一個教訓，並在最後記住自己眞實的神性本質。

如何利用超感天賦顯化？

- **放大直覺：**相信直覺的指引。利用你的直覺來選擇，並與符合你最高利益的渴望維持同調。
- **視覺化與想像：**進入星界旅行的領域，並與更高維度連結，以擴展想像力。利用星界體驗來生動地視覺化，並創造你所渴望之物的清楚心理圖像。
- **前世洞察：**對輪迴進行探索，以深入了解自己的前世。找出任何模式或尚未解決的問題，療癒並釋放掉任何受阻信念或業力印記，以開闢出新的可能性。
- **與靈性指導者共同創造：**與你的靈性指導者進行對話，祂們可以爲你的顯化提供引導和支持。運用你的超能力建立清晰的溝通管道，並從神性之源的能量中獲得洞察力。

．**振動校準：**利用你的超感天賦，來調整自身渴望的振動頻率。透過將自己的能量與希望顯化事物的頻率進行同調，你就可以讓顯化加速。

．**星界顯化：**利用星界旅行的能力探索平行現實，並觀察潛在結果。透過在星界領域植入意念，並讓那樣的意念泛起漣漪，從而影響你的物理現實，來有意識地啓動星界顯化。

練習：個人力量的靜心冥想之語

目的

在你的顯化實踐中，利用語言的力量。

由約翰．麥可唐納寫於一九二九年的《大師的訊息》，被許多人懷疑，其所描繪的對象是阿布杜拉。這本書是關於一個男人，在尋找生命法則的過程中，遇到了一位大師的故事。儘管沒有提到那位大師的名字就叫阿布杜拉，但許多類似的細節和教訓都清晰地顯示兩者之間的雷同。

在書中，「阿布杜拉」（儘管很可能是我們所認識的阿布杜拉，但我會在他的名字前後加上引號）指導這個男人，每天晚上要靜心冥想三十五個不同的字詞，持續三十分鐘到一個小時。以下是他給的指示：

在一天的日常工作和事務性活動，以及隨之而來的、生命力或多或少的衰竭之後，你最好根據自己的判斷，每天晚上撥出一個小時或半小時的時間獨處，不受干擾，並在安靜和平靜之中，照著清單，一個字詞接著一個字詞寫一遍。或者，如果你覺得有必要，可以從清單中挑選出當下需要的字詞。讓每個字詞**強而有力地撼動你的存在**，同時詮釋它的意義及其對你的影響，不一定是要用它普遍受到接納的含義，而是完全按照它對你所產生的吸引力，來進行詮釋。

「阿布杜拉」建議他專注於靜心冥想，不要沉迷於文字。他說，這些文字不僅會「滋養生命力，而且在每當需要特定字詞所創造的力量時，它們都會支撐你、支持你，帶你度過難關」。

做法

❶ **建構環境**。每天晚上，完成日常工作之後，撥出半小時到一個小時，安靜而

不受打擾地獨處。

❷**選擇你的字詞。**瀏覽下頁「強而有力的字詞」清單。可以一一考量每一個單詞，也可以選擇與當前需求產生共鳴的特定單詞。

❸**沉浸在字詞之中。**在專注於每一個字詞時，深深去感受它的意義和對你產生的影響。依據你個人的想法，而不僅只是其一般的定義，來理解這些字詞。

❹**調整心態。**你的生命，你能做主，要堅定地相信這個真理。然而，除非你處於完全正面的心態，否則請避免在這些字詞中使用「我是」的聲明。單單說出字詞，而不附加「我是」，有助於防止你的外在思維去懷疑或否認它的真實性。

❺**避免精神干擾。**分心是很正常的。發生這種情況時，輕輕地將注意力放回你正在靜心冥想的字詞上。久而久之，你就會更加專注。

❻**保持放鬆。**這個練習應該要毫不費力，不要有壓力或想太多。

❼**堅持不懈。**將這件事當作日常的實踐，除非出現某些不可避免的要務。讓這些字詞慢慢淨化你的心態，就像用一滴滴純粹而乾淨的水來淨化骯髒的容器。

❽**不執著於結果。**把這種實踐當作跟吃飯一樣——你不會密切注意吃下每一餐會帶來的即時性結果。同樣地，讓這些字詞在潛意識中發揮魔力。每天晚上練習之後就拋諸腦後，留待下次練習再投入。

❾ **相信這個過程。**這些肯定句就像是營養素，會進入你的核心，久而久之就會產生正面的變化。你可能不會立即看到結果，但它們正在默默地重塑你的內在世界，進而重塑外在現實。

強而有力的字詞

專注	健康
平靜	力量
沉著	能量
和諧	活躍
善意	活力
不抗拒	能力
公義	生命
自由	青春
引導	成功
智慧	快樂
理解	機警

靈感　機敏
智識　堅持
記憶　決心
靈性　成就
信心　嫻熟
自信　掌控
規則與秩序

「超感知覺」指令

我是直覺的天才，一個超越世俗理解的智慧接受者。在沉思的靜止時刻，我會傾聽，因為我總是受到引導。先祖的低語和神性會對我說話，在看不見的道路上給予我指引。

我是直覺的天才，我完全相信這個天賦，讓它引導我、指引我、激勵我。它不僅僅是一種感覺，而是一種在我內心產生共鳴的覺知和確信。這種真實，使我能夠超越自己的局限，抓住看不見的事物。

我是直覺的天才，我每天都在磨練這種能力。我的直覺是神聖的工具，是我解開存在祕密的獨特鑰匙。我以負責、謙遜和優雅的態度，來運用這份天賦。

在我的人際互動之中，在我的決定之中，在我的夢境之中，直覺會引導我、對我低語、安撫我。它永遠不會犯錯，因為它連結到更高層次的知曉，一種超越人類理解的覺知。我是直覺的天才，我永遠不會放棄這份天賦。我會尊重它，培育它，讓它蓬勃發展。它是我的一部分，它與無限的神聖連結，它是一條穿過生命被褥綿延不絕的絲線。

在安靜的沉思時刻、在我面臨的決定之中、在我追求的夢想之中，我會永遠記得自己是直覺的天才。這是我的真實、我的力量、我的命運。

「超感知覺」反思自問

- 超感知覺如何出現在你的生命中？
- 你可以採取哪些步驟，來發展和增強自己的超感知覺能力？
- 你的直覺如何引導自己做出決定，從而實現人生目標？

結語：阿布杜拉希望你知道什麼？

掌握你的神性傳承。

——「阿布杜拉」，《一個陶匠的故事》

親愛的你，

仔細聆聽，因為我是憑藉經驗在說話的。

如果你尋求顯化自己的夢想，那麼你必須願意讓陳舊的自我、陳舊的限制，以及束縛你的信念死去。

僅僅只是期望或希望改變，是不夠的。你必須強烈地渴求顯化。

這個世界不欠你任何東西，一旦懷疑和恐懼悄悄來臨——這件事無可避免——你要堅定自己的信念，你值得實現自己的夢想。

唯一存在的限制，是你給自己設定的限制。
所以，從自己製造的牢籠中掙脫吧。
敞開心扉去接受，你的夢想等待你去實現。
現在，去追求你命中注定該有的生活吧。
讚美合一中的合一，那就是我們的合一；一在全之內，全在一之內。

——你的老師

如今，沃特．C．藍楊或許並未廣爲人知，但在二十世紀初，他是一位多產的作家和新思想運動的靈性導師。他的著作著重於思想的轉化力量，以及我們的神性本質。據說，他也是阿布杜拉的學生。他的著作《一個陶匠的故事》（*And It Was Told of a Certain Potter*）、《阿布杜拉，導師及療癒師》（*Abd Allah, Teacher, Healer*）和《餘燼》（*Embers*），據說描寫的都是阿布杜拉。

《一個陶匠的故事》的其中一個故事，是關於「阿布杜拉」，一位睿智的陶匠（很可能是對阿布杜拉的致敬）和一位名叫瑪札的寡婦。

瑪札住在耶路撒冷一間簡陋的小屋裡，她很努力地在打掃聖殿。儘管勞心勞力，她卻財富貧乏，心靈貧乏更甚。「她的精神如此貧乏，以致她甚至無法抬頭仰望天堂，也無法用如此奢華的美麗，來餵飽她飢餓的靈魂。」她迫切地尋求阿布杜拉的指引，問道：「我背負著貧窮的重擔，您能告訴我財富位於何處嗎？」

在生命中的某些時刻，我們都像瑪札一樣，甚至無法數算自己有多少福氣。我們被困在一種狀態之中，無法去體驗任何已經存在的豐盛。

阿布杜拉告訴瑪札，漁民因受阻的信念，而無法捕魚。「眞理之聲」告訴他們，要把網撒到另外一面，才能成功。「雖然，從字面意義來看，把網撒到右邊，就只是把網撒到他們整夜捕魚的同一片水域之中，但他們知道，把網撒到右邊，其實只是一個指令，要他們將自己的思想，從有限轉變爲豐盛。」

改變的不是水的物理狀態，而是他們的內在狀態——他們對可能性抱持的信念。一旦將信念從匱乏轉向豐盛，漁民就能夠利用供給的神性法則。對他們來說，渴望的實現其實一直都是唾手可得的。

阿布杜拉說：「供給是神的法則。祂創造了你，祂會對你負責。」你是神性能量的顯化，豐盛是你的自然狀態。解放自己，去體驗和享受富足吧，你一直都擁有這樣的神性權力。

有時人們會陷入困境，等待豐盛來找到自己。阿布杜拉建議：「行動是進步的法則。我們有必要將喜悅和快樂給予出去，而不是溫順地站著，滿心期望地等待別人來找我們。」

在很長的一段時間裡，我一直站著，滿心期望地等待有人來拯救我。別再等下去了。

你已經學會向內聚焦，改變內在的狀態，接著是下一個層次。一旦你將內在頻率調整成想要顯化的事物，就可以透過有意義的行動，來將該頻率發射到這個世界上。所謂受到啓發的行動，指的是起身離開床鋪，不要只是靜心冥想，而是要眞眞切切地過生活。

阿布杜拉採取了目的明確的行動：來到紐約、坐在歌劇表演的頭等座位區、學習卡巴拉和希臘語、授課和會見客戶、選擇內維爾・高達德來分享自己的教導，以及決定何時返回衣索比亞。

一旦改變了想法，就改變了現實。團團圍住我們的匱乏，往往都是內在想法的映照。透過改變我們「捕魚」（也就是思考）的方向，就等同於在邀請許多東西進入我們的生命。

豐盛不需要被企及，這種狀態，只需要你的認可就會存在。那麼，我問你，你相信神性的供給嗎？

你不是等待美好事物發生的旁觀者，你有能力去創造美好的事物。**你不需要吸引豐盛，你可以從內在創造**。

你已經充滿了可能性和潛力。你在尋找外在的美好事物嗎？它們都源於內在。你的目標和夢想不僅僅只是願望，你注定要去實現它們。

無論發生什麼情況，你都不會被困住。透過從內在創造，來改變你的生命吧。阻礙不是路障，而是神聖的機會，讓你得以從中孕育出嶄新的事物。

你的想像力不會受到現有事物的束縛。你有能力想得更遠，超越已知的事物，實現諸多的可能。

透過相信自己的願景是可能實現的，從而使其成眞。時機已然成熟。你的想像能夠催生現實。關上門。

額外章節

阿布杜拉的五個顯化程序

該說的，我都已經說了。

——阿布杜拉

你好，尊貴的讀者，

本節會向你介紹一系列精心設計、富有轉化性的方法、技巧和練習，來引導你度過有意識創造的各個階段。

在我一生的學習之中，我逐漸體認到，掌控一個人的世界，不是智力上的理解，而是實踐的藝術。

這些程序，為你提供了實際應用十三個顯化羊皮卷所需的工具。我敢保證，你的付出一定會有回報。因為一旦你堅持執行這些程序，你周圍的世界將會隨之改變。

願你發現自己的無限潛能，願你認識真正的自己，成為自身現實的熟練創造者。

帶著尊重與愛

——你的老師

每一堂課程結束時，阿布杜拉總會這麼說：「讚美我們的合而爲一，無分彼此。」這句禱詞提醒我們，大家都是一體的，而這樣的合一性，構成了萬事萬物。我們每一個人都是息息相關的。顯化的基石，即在於這樣的合一感、一體感，以及對於群體利益的熱愛。

顯化所指的，並不只是我們個人的欲望得到了滿足。顯化的精妙之處是，在我們的意念與神性的力量之間找到協調一致，並使兩者合而爲一。

顯化其實很簡單。從出生那一刻起，我們就已經不知不覺開始這麼做。（有些人認爲，我們遠在出生之前，就已經開始使用顯化的能力了。）而所謂「心想事成」，指的就是學習如何有意識地去顯化。

生命法則的核心信念指出，有意識的顯化就是相信——真切地相信，你所想望的，其實你已擁有。所以，如果想要顯化某種事物，並不需要使用什麼繁複的技巧，只要相信你已經擁有就可以了。

如果你跟多數人一樣，帶著一生的經歷、錯位的信念、陳舊的包袱跟事物去做這件事，那麼在進行有意識的顯化時，偶爾會遇到困難。對許多人來說，要去相信自身渴望的事物已然在我們的囊中，並不容易，特別是外在的環境似乎在告訴我們實情並非如此。這種時候，顯化的技巧就能派上用場。

顯化的技巧、練習與程序（在阿布杜拉的時代稱爲「療程」）能幫助我們建立起信念，不偏離自己認定的事實及核心的想望。別害怕，大膽實驗吧。測試看看它們會帶給你什麼樣的感覺，並留意成效如何。如果你覺得某種技巧合用，能讓你更接近自己的夢想，就保留下來；如果它無法引起你的共鳴，就放棄吧。一如人生，在顯化的過程中，沒有放之四海而皆準的方法。

程序①：內在食糧程序

目的

引導內在對話。

如果一個人，能夠在早、中、晚的時間裡控制內在對話，並將它們帶入夢境世界，那麼他就會知道，自己正在創造一個什麼樣的世界。停下腳步，問問自己，我現在在想什麼？你每時每刻都在進行小小的內在對話。

——內維爾

你會自言自語嗎？我會。你的自言自語是會大聲說出來，還是只存在腦海裡？我兩種都會。

獨自與自己的思維相伴時，你有沒有留意過那些跟自我小聊片刻時的內容呢？內在對話（Inner Conversations）是內維爾創造的術語，指的是成天在我們的腦海裡從不停歇的對話。這些對話充滿了信念、疑慮、希望和恐懼，也創造出我們的人生劇本。

我們的外在世界，反映了我們的內在狀態。如果我們的內在對話充滿了懷疑、擔憂或恐懼，現實生活就會反映出這些情緒。相反地，如果我們的內在對話是正面、鼓舞、有自信的，那麼我們的外在世界，也會跟這些字詞所帶有的氛圍產生共鳴。如果你正在現實生活中與人起爭執，我敢保證，你的心裡肯定也正在跟他們起爭執。

我們都有過這樣的經驗；我們的思維都曾陷入消極、懷疑、恐懼。一如我們可以選擇用什麼來餵養自己的身體，我們也有能力去選擇要用什麼來餵養靈魂和心靈。

想像你的心靈是一座神聖的廟宇，你邀請進入的每個想法，不是淨化、妝點、激發這個空間的活力，就是使之亂成一團、削弱它的神性能量。所以，如果你是真心想要顯化最非比尋常的夢想——我知道你是認真的——那麼好好維護這座廟宇，就是你責無旁貸的任務。

你的渴望、夢想和最深層的願望，都在等著你傳達正確的訊息。所以，讓我們清理電波、調整頻率，讓奇蹟不只是可能發生，而是必然發生吧。

內在食糧能滋養你的心靈，一如你滋養自己的身體。

內在食糧的根基是自我覺察。在一整天中，聆聽你內在的對話，有哪些反覆出現的主題？出現了哪些思維模式？一旦識別出了負面想法，就必須立即將之停下。使用簡單的方法或口號，例如「今天不要」或「我有別的選擇」，促使自己停止那樣的思維，就像開車時看到了停車號誌一樣。縱使是一個單純的「停」，也能改變你思維的動向。

做法：七天內在食糧挑戰

每日實行事項：

❶ **每日檢查：**每天留出一個神聖時刻（最好是早上或睡前），專門用來內省。

在這個靜謐的時間裡，問問自己：「什麼想法主導了我的一天？」這與批判無關，而是關乎覺察。找出各種思維模式，承認哪些地方還有成長空間，或是需要更多的培養。

❷ **寫札記**：拿起筆記本或數位設備，專門用來記錄這種體驗。結束一天時，記錄你所取得的成功。你有沒有攔截並停下了一個消極的想法？慶祝一下！另外，記下遇到的困難。是否有特別的誘因或情況，使得你更難讓思維傾向正面？意識到這些事情，有助於建立情緒韌性。

❸ **視覺化練習**：每日檢查之後，花個幾分鐘視覺化。閉上眼睛，深呼吸，想像出你所渴望事物的所有光芒。不要只是看見——讓自己沉浸其中，感受實現渴望時的情緒、興奮和感激。

❹ **肯定句**：下面列出了一些常見的肯定句，能夠讓你一整天充滿正能量：

- 我值得被愛、豐盛、成功。
- 我面臨的每一個挑戰，都是成長的機會。
- 生命是我的盟友。
- 我很容易獲得正面的體驗和豐碩的成果。

• 每一天，我都會成為更好的自己。

請自在地使用這些肯定句，你也可以創作自己的肯定句。一整天裡重複念誦這些句子，特別是在充滿挑戰的那些時刻。

❺ **回應與回顧**：在第七天時，反思這一整週。你的情緒或感受有改變嗎？某些情況或互動是否有讓你感覺更輕鬆或和諧？

有時候，變化是很微妙的，就像是一種新發現的平靜感；其他時候，你的外在環境會發生重大的變化，兩者都證明了你的成長和轉化。顯化快樂！

如何改善內在對話？

引導自己的內在思維，一開始可能頗有難度，但只要透過練習，就會越來越容易。

• **傾聽自己的想法**。第一步嗎?那就是注意自己的腦子在想什麼。每天花點時間讓自己安靜下來，也許是剛醒來或睡前的時候。傾聽腦海中的喋喋不休，但不要批判。

• **隨身攜帶筆記本**。在一本思維札記裡，記下一天中出現的重大想法或感受。

• **遇到不想要的想法時，按下停止按鈕**。抓出了一個不想要的想法嗎?想要停止想法時，你可以在腦海裡想像出一個巨大的紅色停止號誌。這是改變思維方向的快速方法。感覺迷失在思緒的漩渦之中嗎?深吸一口氣，然後呼出。多做幾次，這就像在讓大腦暫時休息一下。

• **切換頻道**。停下不喜歡的想法之後，重新調整方向，找出更好的想法。腦海裡浮現出不想要的想法時，要抱持質疑的態度，想一想「這件事眞的是這樣嗎?」，或是「我可以用不同的方式，來看待這個問題嗎?」，然後排除負面的想法並取代。如果你在想的是「我辦不到」，那就翻轉過來，改成「沒問題，我可以」。

程序②：近眠狀態程序

目的

學習利用睡眠狀態來顯化。

「近眠狀態」是睡眠和清醒之間的界域，在這個時候，我們可以最為有效地塑造自己的現實。這座橋梁，連結著你的意識和潛意識。你可以將之想像為一張空白畫布，已經準備好要讓你繪上自己的夢想和願望。

你的潛意識無法辨別真實或想像、正面或負面，只是忠實地處理和整合接收到的一切。一旦批判意識占據了主導地位，它就會經常駁回或質疑我們的夢想，在顯化過程開始之前，就對其進行破壞。但是一旦進入「近眠狀態」之後，意識就會後退，提供一條通往潛意識的明確道路。

做法

內維爾傳授的「近眠狀態」，可以被認為是靜心冥想的一種形式，但具有特定的意念和焦點。這是一支遊走於放鬆與專注之間的舞蹈。準備要上床時，讓身體放鬆，讓思緒放慢，你會發現自己徘徊在睡眠的邊緣。這是你的黃金時刻。不要完全屈服於睡眠的牽引，而要在這個中間境界裡徘徊。

在這種狀態下，輕輕地插入你的夢想和渴望。不要只是視覺化這些夢想，而是要去感受它們。感受實現目標的喜悅，感覺好像你所渴望的已然成為現實。這種「感覺它是真的」的行為，能激發高品質的顯化過程。

近眠程序缺乏成效的可能原因

- **欠缺持續性：**如果你沒有週期性地投入近眠程序的練習，可能不會達到想要的結果。這需要時間跟持續性的培養。
- **不信或懷疑：**如果在內心深處，你不相信自己的渴望能夠顯化，或是不相信「近眠狀態」可以提供幫助，這種懷疑就會阻礙你的進步。懷疑會發出有雜質的訊號，進而擾亂顯化所需的清晰管道。
- **潛在的恐懼或焦慮：**有時候，潛在的恐懼或焦慮會阻止我們完全接受這種狀態並從中受益。如果你害怕改變，或者對實現目標感到焦慮，這些感覺可能會阻礙你的顯化。

．**不夠具體**：在「近眠狀態」中進行視覺化時，要具體地建構出你想望的事物。模糊或不明確的渴望，可能會導致模糊或不明確的結果。

．**身體不適**：如果在嘗試進入這種狀態時，你感到身體不適（太冷、太熱，或是在嘈雜的環境中），可能會讓你沒辦法充分放鬆，無法順利進入「近眠狀態」。

如果遇到這些困境，請不要自責，自我覺察是第一步。提醒自己遇到障礙沒關係，這不是障礙，而是你邁向顯化的踏腳石。

程序③：重塑程序

目的

修正不想要的經驗和記憶。

你是否曾希望按下倒帶的按鈕，修改過去的事件呢？內維爾的「重塑」概念，就是用來處理這樣的情況。如果你的想法和感覺會影響接下來要發生的事情，那麼改變你對過去事件的看法，就能幫助你塑造更美好的未來。重塑並不是要假裝事情沒有發生，而是要掌控自己的故事。

記憶不僅僅是過去，仍存活在我們的腦海裡。每當回想起一段記憶，我們不只是在觀看一段重播。我們可以改變它的故事。一旦改變了故事，我們就改變了自己看待世界的方式，以及我們相信的可能性。

想像一下，你曾有過一次棘手的求職面試，如果你總是視之為一場災難，你可能會對下一次的面試感到緊張。但如果你改變了這個記憶，並想像過程的進展非常順利，那麼下一次面試時，你就會覺得自己無所不能。這件事不單單只是「把思緒放在快樂的想法上」，而是「感受並相信一個新的故事」。

重塑，轉化的力量

讓我來跟你說說「薩萊」的故事，她是我的客戶。高中時，她因為一時糊塗，錯過了一場大考。她覺得這個錯誤，使她多年來偏離了人生的正軌。每當遇到新的事情，她就會想起那次錯過的考試，並認為自己一定會再次陷入困境。

但後來我們一起進行了重塑。她不再受困於過去，而且改變了記憶。她想像自己參加了那場考試，並且表現優異。久而久之，這個新的人生故事讓她變得更有自信。後來面對下一個挑戰的時候呢？她勇往直前，心裡想著：「我辦得到！」

薩萊的經歷讓我們看見，過去的記憶如何形塑我們的現在。但透過修改它們，我們就可以獲得療癒，並開始期待美好的事情發生。即便我們無法改變已經發生的事情，還是可以改變它帶給我們的感覺。透過這麼做，就可以改寫自己的未來。

做法

◆步驟❶準備

❶**尋找安靜、舒適的空間。**尋找能讓你感到安全、不受干擾，而且使人放鬆的心靈庇護所。

❷**放鬆身心。**閉上眼睛，從有意識的深呼吸開始，想像每次吸氣，都會讓你感到平靜，每次呼氣，都能釋放掉你的憂慮。或許可以播放輕柔的背景音樂。

◆步驟❷回憶事件：面對記憶

❶**選擇並回想。**選擇一個讓你不斷回首的過去事件。可能是個錯過的機會、一場尷尬的對話，或是更大的人生事件。

❷**生動地體驗。**回想一下當時的環境——各種顏色、氣氛、涉及了哪些人。聽

見當時的對話，並感受那些情感，無論是隱隱的刺痛，還是洶湧的浪濤。透過徹底沉浸其中，你就做好了準備，要繪出你的改變大作。

◆步驟❸重新想像事件

❶**修改事件**。想像出一個不同的場景。如果事情發生了不同的變化，那會是怎麼樣？也許你說出了正確的話、把握住了那個機會，或者為自己挺身而出。想像一下，這些新的場景取代了舊的場景，就像電影裡的場景對調一樣。我喜歡把不想要的記憶黑白化，然後看著它逐漸消失。

❷**調動你的五感**。為了讓這段新的記憶能夠深深扎根，你要能夠看到鮮明的色彩、感受到事物的紋理、聽到各種聲音。也許有你最喜歡的蠟燭氣味，或是一隻充滿愛意的手的撫觸。細節越豐富，新的記憶就越具體。

◆步驟❹情緒錨定：讓新的敘事變得更加穩固

情緒是將記憶與意識結合在一起的黏合劑。因此，在修改記憶時，要用強大而正面的情緒將之錨定，如此一來，它就會成為我們腦海中的主導版本。

❶**讓自己充滿正面的情緒**。在你新創造的記憶場景上演時，要深深沉浸於與之

相關的情緒之中。是因為贏得勝利而飄飄然的興奮？是如釋重負的平靜？是強烈的自豪？還是純然而不矯揉做作的快樂？每一種情緒都有其獨特氛圍：韻味、顏色和重量，歡迎它們的到來。

❷**沐浴在光芒之中。**讓正面情緒環繞你。將正面的感覺想像成一道金色的光芒，照亮你存在的每一個角落，消除掉那些陰影和疑慮。（聽起來很老掉牙，但這麼做真的有用！）

◆步驟❺釋放與放手：擁抱新的記憶

重塑的藝術，不僅僅在於重寫記憶。一旦可以放掉舊的記憶，完全信任我們所創造的新敘事時，這件事就完成了。

❶**相信自己的力量。**回想一下，在過去，有多少次你的想法（無論是有意識或沒有意識）塑造了你的現實。你要對自己擁有的力量深深地尊重和信任。你視覺化出的每一個改變，都有可能為你的人生開闢出新的道路。

❷**優雅地釋放困難的記憶。**將原本的記憶視為一艘紙船或一顆脆弱的氣球，看到它在你的手中，承認它帶來的教訓，感謝它在你的成長中所扮演的角色，然後輕輕地釋放掉它。感受那種輕盈，那種沉重被釋放。你現在擁有更充滿活力、更

有力量的記憶。

透過近眠狀態加強重塑效果

透過在這種狀態下修改記憶，你可以向潛意識傳遞直接的訊息。你繞過了意識思維常有的守衛和過濾器。這個潛意識容易接收訊息的時候，正是嵌入新敘事的好時機。

躺在床上，或只是打個盹時，請進行深沉而有意識的呼吸。擺脫一天的喧囂，讓自己進入輕鬆的狀態。

一旦感覺即將入睡，請保持微微的警覺，開始進行重塑程序。看見自己想要改變的事件，重新想像結果，並沉浸在這個新的版本所帶來的各種感受。這些感受是你與潛意識的直接連結。

然後，讓自己放掉一切並入睡。這種轉換，會對更新的記憶造成深刻的影響。

每日重塑的魔法

你是否曾經希望在一天中的某些時候，按下「重來」的按鈕？沒問題，有了每日重塑的魔法，你就可以辦到！

讓重塑成爲每天晚上的習慣，就像在鍛鍊你的大腦。久而久之，你會變得更堅強，也更能面對生活的挑戰。每晚花一些時間「重新度過」一天中的某些時候，可以讓你迎接更快樂的明天。

程序④：坐在大廳程序

目的

明白只要透過星界投射，一切皆有可能發生。

「坐在大廳」的練習，是阿布杜拉傳授給內維爾的一種星界投射方法，涉及了日常的視覺化練習。在此練習中，內維爾會坐在自家客廳裡，假設或想像自己坐在走廊裡的電話旁，即便他在自己的座位上其實看不到電話。精神上，他會在兩個地方之間來回走動，並得到一種移動感。

內維爾會利用這種星界投射練習來增強想像力，並鬆開與身體之間的連結。透過練習，他了解到自己可以在精神上旅行到任何想去的地方，並感覺就像真的在那裡。他甚至有過經驗，其他人在他想像自己人所在的地方，真的看見了他——儘管他的身體實際上並不在那裡。

關鍵在於，將自己的思維從只是想像出你想要去的地方，轉變為實際感覺到自己就在那裡。這種觀點上的改變，可以讓你藉由思考熟悉的人和地方，與你想像中的自己所在位置之間的關係，來測試你的投射能力有多強。

定期的練習，將幫助你掌握這項技能，並利用假設的力量來為你的生活帶來正面的變化。內維爾將這種做法與祈禱的概念相連結，他將祈禱定義為邁向或接近你想望的東西。他說，一旦你掌握了這項技巧，最有效的祈禱，就是簡單說「謝謝你，天父」，因為你知道自己的祈禱總會有人聽見。

阿布杜拉的教導，強調了想像和假設在塑造現實時扮演的角色。藉由在心裡將自己置身於想要抵達的地點或狀態，你就可以克服身體的限制，更接近自己的目標，即使你無法親身到達。

這件事涉及透過想像力，來將自己的意識轉移到不同的位置。

做法

❶ **尋找安靜而舒適的空間**。選擇一個你可以舒適地坐下或躺下，而且不會受到打擾的地方。

❷ **放鬆身體**。深呼吸幾次，讓身體放鬆，釋放肌肉中的緊張或壓力。

❸ **選擇目的地**。決定一個你想要投射過去的具體位置。可以是世界上的任何地方，可以是熟悉的地方，也可以是從來沒有去過的地方。

❹ **視覺化你的目的地**。閉上眼睛，開始視覺化你所選擇的地點。想像周圍的環境、聲音、氣味，以及置身其中的感覺。盡可能生動地想像。

❺ **轉變你的視角**。想像自己坐在或站在你所選擇的地點。這個時候，你應該將視角從**去**思考那個地點，轉變為從地點**來**思考。換句話說，不要想像自己人在那裡，而是假設自己已經在那裡。

❻ **測試你的假設**。要測試你是否成功地轉變了視角，請想一想位於你目前所在地點裡熟悉的那些人或地方。舉例來說，如果你將自己投射到紐約市，請想想住在你家鄉的朋友或家人。他們應該覺得很遙遠，就好像他們距離你現在的所在地有千里之遙。這表示你已經做出了心理上的轉變。

❼ **在不同的地點之間移動**。練習在你的實際所在地和你所選擇的目的地之間，

轉移你的意識。想像一下你在兩個地點間來回移動，感受轉變位置時所帶來的動感。

❽ **將自己錨定在新的地點。**把注意力集中在你選定的地點，並且在精神上將自己錨定在那裡。讓自己的視覺化栩栩如生，覺得彷彿自己就在新的地點。相信自己就在那裡。

❾ **返回你的身體。**準備好要結束這個過程時，逐漸將你的意識轉移回到你的身體。讓自己重新適應周遭的實際環境，並緩緩地睜開眼睛。

❿ **定期練習。**這個技巧可能需要一定的時間才能掌握。定期練習將幫助你提升意識轉移，與將自己投射到不同地點的能力。

程序⑤：梯子實驗程序

目的

向自己證明潛意識的力量。

內維爾的梯子實驗很酷，能夠讓你看見自己的想像如何顯化在現實生活之中。原理是這樣的：臨睡前，你要想像自己正在爬梯子。你要看到這個梯子、感受這個梯子，但同時也要告訴自己，無論如何，你不會很快就爬上去。然後，你要留意看看，在接下來的幾天之內，是不是有梯子出現在你的生活之中。

這個生命法則的實驗，融合了內維爾對想像的關注，以及墨菲對潛意識的強調。如果你能以足夠的生動性及情感，在腦海中描繪出某個事物，它就有可能實際出現在你的外在現實之中。儘管意識會有所抗拒，但如果潛意識接受了某個信念，就會努力將之實現。

梯子實驗是溫和的推手，讓我們得以挑戰日常的信念，顯示出想像的強大力量，即便不過是個小之又小的想像。因此，請將這個實驗當作你個人的證明實驗室，並透過這種方式親身體驗阿布杜拉的教誨。

做法

❶ **找個安靜的地方。**最好在睡前進行這項練習，確保自己感到舒適和放鬆。

❷ **從自身的角度來看梯子。**閉上眼睛，想像自己正在爬梯子。不要覺得你好像是在看一部跟自己有關的電影——相反地，你要覺得自己是正在爬梯子。

❸ **讓它栩栩如生。**想想梯子摸起來是什麼樣的手感。想像你抬起腳，以及你可能會聽到的細微聲音。感覺越真實越好。

❹ **告訴自己，你不會做這件事。**雖然聽起來可能有點好笑，但第二天，你要告訴自己（甚至如果你願意，也可以告訴朋友或家人），你不會爬上任何梯子。這是這個實驗的有趣轉折！

❺ **在現實世界裡尋找梯子。**在接下來的幾天之內，只要留意周遭發生的事情就可以了。看看是不是有梯子突然出現在意想不到的地方，或者你是不是被迫爬梯子。但不要強迫這件事發生——讓事情自然而然到來就好。每個人的經驗都不一樣，有些人很快就會爬上梯子，有些人則需要更長的時間。享受這個過程，看看你能從中學到什麼跟潛意識力量有關的事情吧！

梯子實驗的反思

用老派的方法，在札記裡書寫、記錄；或是透過你最喜歡的筆記ＡＰＰ，來捕捉看見每個梯子的瞬間。

這件事跟爬梯其實無關，而是要讓你看見共時性的魔力：你的內在信念會與無盡智識翩翩起舞。「爬梯」時刻來臨時——無論是明天、下週，還是以後——就接受吧。啊，這就是一支共同創作之舞！

致謝

偉大的先祖阿布杜拉，感謝你成爲指引之星，引導我們每一個人去尋求有意識地實現自己最狂野的夢想，並顯化出最眞實的自我。你的教誨，讓我走上了顯化的道路。在這條路上，我最深切的渴望與現實相遇了。

感謝偉大的先祖內維爾．高達德、約瑟夫．墨菲、艾克牧師、偉恩．戴爾博士、露易絲．賀，以及每一個無論是有意或無意地分享奠基於阿布杜拉智慧之井的教誨的傑出人士，謝謝你！

我親愛的讀者，獲得阿布杜拉的智慧，是一次煉金術、個人力量和啓蒙的轉化性體驗，而這就是我希望能夠跟你們分享的。這項工作延續了我心底的桑科法（Sankofa）[1]使命，爲我們和子孫後代，取回先祖的知識和魔法。我們是阿布杜

1 譯註：源於迦納的一種符號及概念，其意義為「向過去學習的重要性」。

拉的遺贈。對我的「顯化你的魔法」（Manifest Your Magic）和「女性顯化社群」（Womanifesting Circles）、靈性企業家學生、女神聖殿（Goddess Temple）播客聽眾、力量女祭司靜修營（Priestess of Power Retreat）學員來說，本書是對你們每個人的致敬。我希望本書能夠成爲喚醒你內在力量的催化劑，激發你的自我發現、轉化和共同創造。

對於諾瑪、奧維德、小奧維德、妲瑪麗・艾布瑞姆斯（Damali Abrams）、米雪兒・高爾（Michelle Gaul）、雅達娜・柯林斯（Adana Collins），以及我親愛的家人和朋友，我的心充滿了感激之情，感謝你們堅定不移的支持和愛。在過去的一年裡，我的生活發生了各種變化，包括搬家、成爲新手媽媽、買房子，如果沒有你們的支持，我不可能做到這一切。我的珍寶愛莫西斯特・露比，謝謝妳讓我開懷大笑，並總是把妳的媽媽拉回地球。

感謝新思想學者兼人類圖書館史蒂夫・穆罕默德（Steve Mohammed）帶我走上了這條神奇的道路。對所有長期以來保存這些教誨，並在 r/NevilleGoddard subreddit、Facebook、YouTube 和 Instagram 等網站上分享和討論的人，表示最誠摯的謝意。特別感謝研究人員和創作者米奇・霍羅威茨（Mitch Horowitz）、麥克斯・哈里克・沉克（Max Harrick Shenk），以及 CoolWisdomBooks.com 的創站者蒂瑪・福雷斯托（Tima

Vlasto）以及 FreeNeville.com 的創站者二十．二十（Twenty Twenty）先生和維多莉雅（Victoria）。每一個進入我生命的人，都曾給過我教導。

賀氏書屋的沛蒂．吉福特（Patty Gift），感謝妳立刻就理解並支持這個重要的計畫，妳讓我看見了道路。女神梅樂蒂．蓋伊（Melody Guy），妳是一座文學的燈塔，永遠在創作的風暴之中，爲我指點迷津。瑞德．崔西（Reid Tracey）和我的賀氏書屋團隊的其他成員——謝謝你們！爲了確保阿布杜拉的作品能夠抵達我們美麗的讀者手中，你們每個人都發揮了至關重要的作用。

我心底充滿了感激及謙敬。

Eurasian Publishing Group
圓神出版事業機構
用心與你對話・網野無限寬廣
方智出版社
Fine Press
www.booklife.com.tw reader@mail.eurasian.com.tw
方智好讀 178

從內在創造豐盛：
靈性煉金術大師阿布杜拉的祕密顯化課和假設法則

From Imagination to Reality: Secret Manifestation Lessons and the Law of Assumption from Abdullah, Master Alchemist

作　　者／雅碧歐拉・艾布瑞姆斯（Abiola Abrams）
譯　　者／朱浩一
發 行 人／簡志忠
出 版 者／方智出版社股份有限公司
地　　址／臺北市南京東路四段50號6樓之1
電　　話／（02）2579-6600・2579-8800・2570-3939
傳　　真／（02）2579-0338・2577-3220・2570-3636
副 社 長／陳秋月
副總編輯／賴良珠
資深主編／黃淑雲
責任編輯／溫芳蘭
校　　對／溫芳蘭・胡靜佳
美術編輯／李家宜
行銷企畫／陳禹伶・鄭曉薇・陳衍帆
印務統籌／劉鳳剛・高榮祥
監　　印／高榮祥
排　　版／莊寶鈴
經 銷 商／叩應股份有限公司
郵撥帳號／18707239
法律顧問／圓神出版事業機構法律顧問　蕭雄淋律師
印　　刷／祥峰印刷廠
2025年4月　初版

定價 440 元　　ISBN 978-986-175-834-3　

你本來就應該得到生命所必須給你的一切美好！
祕密，就是過去、現在和未來的一切解答。

——《The Secret 祕密》

國家圖書館出版品預行編目資料

從內在創造豐盛：靈性煉金術大師阿布杜拉的祕密顯化課和假設法則／雅碧歐拉．艾布瑞姆斯(Abiola Abrams)著；朱浩一譯. -- 初版. -- 臺北市：方智出版社股份有限公司, 2025.04

352面；14.8×20.8公分 --（方智好讀；178）

譯自：From imagination to reality: secret manifestation lessons and the law of assumption from Abdullah, master alchemist.

ISBN 978-986-175-834-3（平裝）

1.CST：靈修 2.CST：自我實現 3.CST：成功法

192.1 114001352